LAOS
SUEDE
ANTARCTIQUE
IRLANDE
ANGOULÊME
POLOGNE
MONACO
EX-U.R.S.S.
AUSTRALIE
MAROC
URMUL
S-GROVILLES
ROUDAIN
DEFEQUIN
NCOURT
MOUSTAN
ILLE
DOUGNIN
UDRAY
FOUNIER
EFFROUGNEUX
FISON
VALANGEOIRE
NOILLAUX
TAGNEUX
RENBOIS
ON-LES-CHENES
HAPELLE-DE-SAINT-GROIN
OULANGIER
S-SUR-GILLERBE
VALRASSOU-LE-LAC
MOURTIAL
VILLIER-LE-GRO
PLANVIER
RONSTANHI
ROMAINCOURT-SUR-GRO
SAINT-PEUX
FANGNIER
BRINGEARD
BERLIMONT
SAINT-ARMAND GOULU
VAUX-LES-BERNACHE
MAROUFLE
PALMONION
BLUNION-LA-BEDOULE
PLEUROUILLE-SUR-MANDEGOUZE
GROLAND DE CÔTÉ
MARMASSE
BLEURILLE-SUR-BRÉ
FLUITANGE-SUR-BEUROUILLE
SAINT-MARCEAU
GROGRAIN-LES-BAINS
MUFFLINS
MANPIN
BLANCHE-NEIGE-ET-LES-SEPT-NAINS
CHICHIGNEUX
POURCEL-LE-VIEUX
POULNIAT
CHIRMONT
CAROUBEAU-SUR-DELON
PLEUREUILLE-LE-PATOUVIER
VANILLA-PLAGE
GLUMOTTE
SAINT-ROPIEZ
PÉDONCOURT
LES ISLES COUFOUÉ

Groland
L'Almanache 2012

JE MOURIRAI
POUR TOI

Grolandaises, Grolandais, amis de Notre Présipauté,

F***ier de son histoire millénaire***, le Groland jouit d'une culture, d'un art de vivre et des traditions que nos habitants perpétuent chaque fois qu'ils lèvent quelque chose : la tête, un lièvre ou encore le coude. Nos fêtes traditionnelles, nos recettes familiales, nos groverbes, dictons, et autres haïkukus, rassemblés dans cet Almanache, ponctuent ainsi les instants clés de l'année. De même que sont rappelées, dans ce livre qui je l'espère vous deviendra familier, les fameuses positions corporelles grolandaises, que nos concitoyens sont les seuls à maîtriser, et qui nous permettent de conserver notre contenance en toutes circonstances.
Le Groland, patrie de la Brindillette et de l'édredon de Chichigneux, des bonbons au foie de voie et de la hyène de Calmondou, c'est aussi une terre que la passion de l'innovation et du sens pratique n'a jamais quittée. Ce trait de caractère bien de chez nous a permis la mise au point d'audacieuses inventions, dont les plus célèbres, comme le range-truites ou les pinces à seins wi-fi, ont aujourd'hui révolutionné le quotidien des Grolandais.
Notre Présipauté, d'Embert-les-Carrières à Saint-Armand-Goulu, de Pédoncourt à Mufflins, abrite également nombre d'hommes et de femmes méritants (la femme à Batman, Milou Pissard, le champion du monde de ricochets à la viande, le chanteur obligatoire Michel Sardouille...) qui portent haut et loin les couleurs du pays, et sont légitimement célébrés dans cet Almanache.
Enfin, après un débat avec moi-même, j'ai souhaité, à mon unanimité, donner la parole à quelques-uns de mes Minist' qui vous détailleront, au fur et à mesure des pages, toutes les actions qui seront entreprises en 2012 pour préserver la grandeur du Groland dans le monde.
Cet Almanache 2012 du Groland, que vous tenez entre vos mains tremblantes d'émotion, c'est l'âme, le cœur, bref l'esprit grolandais, qui, j'en suis sûr, ne mourira jamais.

Salengro

Janbier

Grom.	1	Jour du Lent	◑
Lendi	2	St Adhémar	
Môrdi	3	St Alanio	
Credi	4	St Aldepicon	
Joudi	5	St Aleloxerne	01
Dredi	6	St Aléric	
Sadi	7	St Almar	
Grom.	8	Épiphanie	
Lendi	9	St Andelevan	○
Môrdi	10	St Archilien	
Credi	11	St Ariano	
Joudi	12	St Artamalien	02
Dredi	13	St Arturo	
Sadi	14	St Bayoussef	
Grom.	15	St Bazoumien	
Lendi	16	St Bedot	◐
Môrdi	17	St Bernonio	
Credi	18	St Bernouillon	
Joudi	19	Ste Bétoniva	03
Dredi	20	St Beurnion	
Sadi	21	Ste Bigoudette	
Grom.	22	Ste Bludanbine	
Lendi	23	St Boibert	●
Môrdi	24	St Bramodi	
Credi	25	St Brugnion	
Joudi	26	St Butinflard	04
Dredi	27	St Cachtougnac	
Sadi	28	St Cancérigin	
Grom.	29	St Caraymond	
Lendi	30	St Carbire	
Môrdi	31	Ste Carmagnole	◑

Jour du Lent

Le 1er janbier est le Jour de Notre Président — qui en a fait le « Jour du Lent ». Comme Christophe Salengro Ier, descendant de la dynastie des Salengro, arrivé au pouvoir en 1984 avec l'ambition *« d'effacer les traces de pneu du passé dans le slip de l'histoire »*, les Grolandais peuvent, lors de cette date particulière, vivre selon la douceur qui est traditionnellement celle de l'existence de leur immuable leader présipautaire. Ainsi faut-il ne pas compter, en ce « Jour du Lent », sur l'ouverture d'une administration ou encore moins d'un quelconque commerce.

Loin des tracas du monde et du roulis de l'actualité, de la capitale Groville jusqu'à la discrète commune de Panœil (dans le Groland-du-Côté), il ne saurait être d'autre mission grolandaise, comme l'a confié le Président Salengro lui-même lors de son discours d'investiture, *« que de bien commencer l'année et de finir les bouteilles, et encore pas trop vite »*.

Les fessses collées sur le canapé

Profitant de la douceur de vivre qui leur est offerte, et se protégeant avantageusement des frimas, les Grolandais sont ainsi autorisés à rester chez eux les *« fesses collées sur le canapé ou dans leur pageot »* (les mots sont ceux du Président Salengro lui-même) pour *« mâchouiller à leur rythme quelques restes de pattes de poulet »*.

Il est également permis aux Grolandais de laisser jeûner les animaux domestiques, les personnes âgées et les enfants — enfants à qui l'on confiera deux feutres et une seule feuille de papier pour réaliser un portrait forcément modeste de la regrettée mère du Président, Mamie Quéquette.

Jour de la galette à la tête de cochon

Mobilisation contre le nouvel an chinois

Anniversaire du jumelage avec Angoulême

QUE SONT-ILS DEVENUS ?

André Mignonnat, le Salman Rushdie grolandais

À 64 ans, il publie son autobiographie *Dédé le fatwé*. Rappel : mê 2007, André Mignonnat dit « Dédé » déménage dans son nouvel appartement en compagnie d'un ami, Mickey. Pris d'une envie pressante, il fait caca dans un plat à tajines resté dans le coffre. Il est malheureusement pris en photo par un voisin qui poste le cliché sur internet. C'est l'embrasement mondial. L'image tourne sur Al-Jazeera, et met le monde musulman en émoi : une fatwa est lancée sur Dédé, obligé de vivre caché, d'hôtel en résidence surveillée. Surnommé le « Rushdie grolandais », Dédé n'a toujours pas retrouvé la vie calme à laquelle il aspirait. C'est cinq années d'une existence bouleversée qu'il raconte dans ce livre-événement.

GALETTES DES ROIS À LA TÊTE DE COCHON

Réjouissance traditionnelle de l'épiphanie grolandaise (chaque gromanche qui suit le jour du Lent), les galettes à la tête de cochon, dites Galettes des rois sont aussi le symbole de l'échec de la révolution grolandaise de 1789. Pour célébrer cette défaite gauchiste et paysanne, les Grolandais préparent des galettes spéciales. Au matin, les hommes coupent la tête d'un cochon, pour parodier le rite révolutionnaire, puis la font tremper dans une cuve à vin cuit. Pendant ce temps, les femmes préparent les galettes (lait de biche, farine, thon, salive, maïzena, patates douces), qu'elles écrasent ensuite avec le bout de leurs pieds. Une fois la tête de cochon assez « vinassée », on la scie bien fort en plusieurs parties qu'on place ensuite dans les galettes (sans oublier de cacher la fève). Les galettes à la tête de cochon se dégustent le soir, autour d'une bonne bouteille de vin des Caroubades, et celui qui remporte la fève est invité, comme la tradition l'exige, à passer la nuit sur le pas de la porte.

Groverbe

« Pluie en janbier, clochard mouillé »

- Groverbe grovillois du XIX*e siècle -*

LA POSITION DU MOIS

Debout un peu penché vers l'avant

LES PIEDS écartés, le bassin fixe et le buste droit, la position « debout un peu penché vers l'avant », inventée par Bernonio Marbœuf, positionneur à Rouergue-en-Rizière, se réalise grâce à une inflexion de la nuque et à une avancée du cou et de la tête. Elle permet de se prémunir des vilains coups portés par l'arrière (par les gens du voyage notamment), de faire la bise à la joue d'un bœuf ou d'écouter facilement les conversations derrière les portes. On dit que la position « debout un peu penchée vers l'avant » est l'apanage des gens en avance sur leur époque.

Chichigneux leader mondial de l'édredon

Janbier 1999 : Guillaume Bonval, qui dirige l'usine à édredons de Chichigneux, meurt d'une rupture d'anévrisme. Après des obsèques pleines de vin et d'émotion, c'est son fils Thierry Bonval qui reprend le flambeau et renomme l'entreprise familiale « Édredons 2000 ». Treize ans plus tard, il est à la tête d'une multinationale de l'oreille : les édredons de Chichigneux se vendent en Belgique, au Qatar et en Uruguay. « Édredons 2000 » qui compte frontalement 734 salariés songe désormais à s'attaquer au marché français. « *Quand on voit comme Sarkozy réussit à les endormir, pourquoi pas nous* », a prévenu Thierry Bonval.

HAÏKUKU

Fraicheur du vent
Je montre mes fesses
Ma lune est si pâle

Bazoumien Takako

LE SITE UTILE

www.cadeau-belle-mere.gro

On n'aime pas toujours les cadeaux de sa belle-mère. Cravates bon marché, livres de Max Gallo, machines à faire du pain soi-même : grâce à un site monté par deux entrepreneurs jumeaux d'Oultier, Archilien et Jean-Mile Bronzier, il est possible d'échanger les cadeaux de belle-maman contre des choses mieux (crayons de bois, vin en vrac, boules de bowling). Les cadeaux non désirés sont vendus en Afrique (où ils sont étrangement appréciés) et les sommes collectées sont réaffectées sur le site, où l'on peut re-shopper via un compte personnel et privé.

LE CONSEIL JURIGRO

Les litiges avec un voisin

L'UNE des branches du chêne de votre voisin déborde sur votre jardin, vous prenant une bonne partie de la lumière. C'est très désagréable, mais pas la peine d'entamer une procédure pour autant : avocats, procès, huissiers, l'affaire sera longue et coûteuse. Il existe une solution plus simple. Prenez votre hache, explosez la porte de son jardin, puis abattez l'arbre en faisant attention de le faire tomber sur sa maison. Munissez-vous au préalable d'une arme à feu (Magnum 365, Kalachnikov, Famas) au cas où votre voisin perdrait son sang-froid. En repartant, n'hésitez pas à lancer : « *Et la prochaine fois, c'est pour ta gueule.* »
Plus d'infos sur :
www.jurigro.gro

JOURNÉE CONTRE LE NOUVEL AN CHINOIS

C'***est pile ce 23 janbier*** que le calendrier chinois marque l'année du Dragon d'eau, qui succède à l'année du Lapin de métal blanc. En signe de protestation, les commerçants grolandais ont choisi ce jour symbolique pour lutter contre les importations massives de slips *Made in China*. Ils se réunissent en masse sur la place Princesse-Gerbentine de Groville pour manger des centaines de ces slips renégats devant Notre Président, qui a décidé de se mettre nu devant eux en signe de soutien. Sont également prévus : piétinements de nems en ligne, pressages à la main de raviolis pékinois, déversages sauvages de bonbons tièdes. Une journée de lutte qui se conclut par un grand concert du chanteur populaire Michel Sardouille dont l'hymne *Attention à tes baguettes* résume à lui seul cette crainte de la mainmise commerciale du Pays du matin calme sur l'économie grolandaise — que certains appellent aussi volontiers « péril jaune ».

LE MONDE DES ASSOS

La défense de la « rue du Bout du Trou »

IL Y A maintenant plus de vingt ans, Jean-Siblin Fluchier créait cette association qui vise à maintenir le nom si particulier de cette petite rue de Clavouire. Face à la volonté des maires successifs de la renommer « rue des Juifs » (le maire était israélite), puis « rue Daniel-Guichard » (le maire étant fan), puis « rue Jean-Claude-Brialy » (le maire était homosexuel), puis encore « rue Rocky-IV » (le maire adorait la boxe), cette petite association qui regroupait à l'origine dix personnes et qui en compte aujourd'hui plus de soixante (soit 69 % de la population clavouirienne) tient bon. La « rue du Bout du Trou » porte toujours son nom, et « *ils sont pas près d'en voir le bout* », note avec humour son président Jean-Siblin Fluchier, devenu au Groland un véritable symbole de la mobilisation populaire.

GROMANCHE
29
JANBIER

JUMELAGE DU GROLAND AVEC LA VILLE D'ANGOULÊME

L*e 29 janbier,* jour de la Saint-Caraymond, est l'occasion de célébrer le jumelage conclu en 2004 entre le Groland et la ville française d'Angoulême (lors du Festival de la bande dessinée qui se déroule dans la ville). Depuis maintenant huit ans, Notre Présipauté et cette bourgade de 100 000 habitants située dans le Sud-Ouest de la France se témoignent honneur et respect mutuel. La Saint-Caraymond est l'occasion d'une fête qui se déroule simultanément dans les deux endroits, à partir de 18 h 37 (heure précise du jumelage, et de l'apéritif), et pour laquelle on actionne spécialement des armes de distraction massive, les fameuses « tartapultes », ces canons à œufs pourris et fromage blanc mis au point par des ingénieurs des deux pays. Comme chaque année, le Président Christophe Salengro et le maire d'Angoulême (malheureusement soumis lui au « suffrage universel ») réaffirmeront chacun de leur côté leur volonté de ne jamais s'attaquer, entre Grolandais et Angoumoyens, « avec autre chose que des confettis ».

L'astuce de Mamie Gribentine

ÉVITER DE CASSER LES BISCOTTES EN LES TARTINANT

LE MATIN, on a faim d'une biscotte au beurre, et pan ! on la casse en la tartinant avec le couteau ! Ce petit déplaisir de la vie peut gâcher la journée. Mamie Gribentine connaît la solution à ce problème. Il suffit de couler sa biscotte dans le plâtre et ensuite de tartiner le beurre dessus pour la manger à la petite cuillère. Ça coûte cher en plâtre, mais une biscotte entière au réveil, c'est tellement agréable.
Merci Mamie Gribentine !

L'INVENTION

Les pinces à tétons wifi

C'est un bond dans la science qui nous vient de la commune de Sugnon-Rivonien. Armistice Lustiot, 57 ans, connu pour son amour de l'internet et des choses de la nuit un peu olé-olé, a mis au point chez lui dans sa cave une paire de pinces à tétons qui peuvent capter le web. S'appuyant sur les hormones capteuses, ces pinces sont capables de déceler les réseaux alentours, et permettent via un port USB discret de connecter son ordinateur au net. Les pinces à tétons wifi seront également commercialisées dans le courant de l'année 2012 avec une version pour les femmes.

LA BONNE ADRESSE

À la Marine à Bourac

1, rue à Côté du Port, Bourac

C'est dans une ruelle sombre jouxtant le port que vous repérerez ce restaurant grâce à ses petites lumières rouges si typiques. Une hache sur un billot près de la caisse, un nerf de bœuf sur le comptoir et un patron tatoué vous rassureront quant à la sécurité de l'endroit. Si les habitués s'arrêtent de chanter, à votre arrivée, souriez, c'est un signe de politesse et de bienvenue. Juste avant le concours de lancer de couteau vous aurez tout le temps de déguster les bons petits plats préparés avec amour par Jeff, le chef cuisinier aux deux bras en chêne, fort sympathique au demeurant, même s'il se montre parfois un tantinet susceptible, se laissant aller jusqu'à briser quelques membres chez ses clients les moins enthousiastes.

Spécialités :
huîtres et moules crues à la bière chaude, cervelle de tortue tiède au vin de cale, têtes de hareng sur un lit d'arêtes au jus, cassolette d'œil de raie et sa barbe d'algue.

BENOÎT POELVOORDE

MINIST' DU DÉVELOPPEMENT DU RIEN

Un mois de travail pour onze de repos. La semaine de cinq jours chômés. Avec Notre Minist', le rien a de l'avenir !

AU DÉVELOPPEMENT durable très en en vogue dans les sociétés occidentales, Notre Président a choisi d'opposer le développement du rien, en faisant appel au gourou du genre, le comédien Benoît Poelvoorde. « *C'est une proposition qu'il m'a faite, suite à une histoire de balais roses (oui, ceux avec un manche) sur laquelle j'aurais pu me montrer extrêmement bavard. Je lui saurai éternellement gré de m'avoir nommé à ce poste. Et d'ailleurs, il a bien fait, car j'ai décidé de m'investir à fond dans le développement du rien* », annonce le Minist'. « *Je pense qu'il était temps de prôner le développement du rien dans Notre Présipauté, où trop de gens travaillent : c'est quelque chose qu'il faut changer. Pour ma part, c'est la dernière fois que je travaillerai.* » Les idées de Benoît Poelvoorde sont claires : « *Ce que nous allons proposer pour ce qui s'appelait la rentrée, et qui va désormais s'appeler la sortie, ce sera un plan qui consiste à travailler 1 mois pour 11 mois de congés, et de la même façon, la semaine comprendra 5 jours de week-end et 2 jours ouvrés.* »

Quant aux fanatiques, « *aux timbrés qui veulent absolument*

« La rentrée va désormais s'appeler la sortie »

travailler, nous ne les en empêcherons pas. Tant mieux, ils nous apporteront ce qu'il nous manque, ils iront nous chercher des boissons. Mais ils ne seront autorisés à travailler que dans des caves ou dans des trous afin de ne pas montrer le mauvais exemple et de risquer d'entraîner les enfants et les plus influençables sur une mauvaise pente», note le Minist'.

Une grande fête du rien à Grotentrou

L'écologie ? Le message est clair : « *Je n'en ai strictement rien à foutre. La nature est justement quelque chose qui ne cesse de travailler pour survivre. Elle donne le mauvais exemple.* » La crise ? Le message est tout aussi clair : « *Notre Présipauté devrait rapidement devenir un foutoir monumental. Nous ne travaillerons plus, nous ne gagnerons plus d'argent, et la crise n'existera plus car nous n'aurons plus rien à perdre. C'est simple, si nous suscitons le chaos, nous mettons fin à la crise.* » Déterminé, Benoît Peolvorde entend aussi le paradoxe qui caractérise son ministère. « *Pour arriver au rien il faudra travailler un peu, c'est ça qui pose problème. Car même pour arriver au chaos dont je parlais plus haut, il faut développer une certaine énergie. Je cite en disant cela mon ami, mon mentor Noël Godin, qui avait créé dans le royaume de Belgique le Mouvement banane.* » À l'étranger, la nomination de Benoît Poelvoorde à ce ministère très particulier fascine. « *Des spécialistes américains veulent me consulter, mais c'est déjà un effort que de répondre à des questions. Je n'ai donc pas souhaité donner suite. Je préfère me consacrer au rien* », explique le Minist'.

Pour lancer la grande campagne du rien, Benoît Poelvoorde qui affirme qu'il n'aura qu' « *un seul collaborateur* », son « *chien* », prévoit d'ores et déjà d'organiser une grande fête du rien dans la petite ville de Grotentrou. « *Nous allons organiser une fête pour laquelle nous n'allons envoyer aucun carton d'invitation. C'est d'ailleurs une fête à laquelle il ne faudra surtout pas venir* », conclut le nouveau Minist' entièrement absorbé par ses importantes fonctions.

Fébrier

Credi	1	St Carmel	
Joudi	2	Chandeleur	05
Dredi	3	Ste Carmelilen	
Sadi	4	Ste Carolamère	
Grom.	5	Ste Catillette	
Lendi	6	St Cédéromert	
Môrdi	7	St Chaffin	○
Credi	8	Ste Chantadelle	
Joudi	9	St Chaounzy	06
Dredi	10	St Chaston	
Sadi	11	Ste Chilaine	
Grom.	12	St Childeber	
Lendi	13	St Chimar	
Môrdi	14	Grande veulerie	◐
Credi	15	St Chipalu	
Joudi	16	St Carnaval	07
Dredi	17	St Chrukuti	
Sadi	18	Ste Chulture	
Grom.	19	Ste Churlette	
Lendi	20	St Ciroslav	
Môrdi	21	St Clazutin	●
Credi	22	Ste Clétembine	
Joudi	23	St Climpt	08
Dredi	24	St Clinclin	
Sadi	25	Ste Colmette	
Grom.	26	St Coucouroucoucou	
Lendi	27	Ste Crénélène	
Môrdi	28	Ste Crifoline	
Credi	29	St Cristollien	

Grande veulerie

E*n ce 14 fébrier*, on célèbre comme à l'habitude ceux qui vont pour le mieux « *dans le bon sens* » de Notre Présipauté. Respectueux de la veulerie qu'il a lui même qualifiée de « *qualité suprême* » lors de son fameux « Discours sur les couilles molles » prononcé à Pleureuille-le-Patouvier, le Président Salengro recevra au Palais Présidentiel de Groville plusieurs Grolandais qu'il élèvera au grade de *Chevalier de l'ordre des fayots et des fayottes.* Au premier rang desquels Raybertine Gamond, cette impétueuse femme de chambre salariée de l'hôtel Grofitel de Mufflins, qui témoigna en faveur de Notre Président dans la très sombre affaire de la « chambre 2806 » qui mit en émoi l'ensemble de Notre Présipauté avant son étouffement *in extremis* par la Justice.

Francis Kuntz à l'honneur

À l'honneur aussi Bazoumien Gulot, originaire de Davreville dans le Groland-du-Bas : ce jeune entrepreneur diplômé de GEC (Grosses Études Commerciales) qui l'hiver dernier avait eu le courage de dénoncer la présence d'une dizaine d'ouvriers clandestins pakistanais qui travaillaient pour son employeur (la Fuck-Petroleum), ouvrant ainsi un grand débat national sur l'immigration. Récompensé aussi le grand chanteur obligatoire Michel Sardouille, auteur des succès populaires *Au boulot les feignasses, La rupture tranquillou, Les sans papier-cul,* ou encore *Les Turcs,* devenus pour la plupart chansons officielles de Notre Présipauté enseignées dès les petites classes dans les écoles grolandaises.

Enfin, on murmure que le Président Salengro pourrait récompenser très spécialement en ce jour le journaliste Francis Kuntz (grand pourfendeur des anachronismes et autres traîne-savateries), et ceci pour « l'ensemble de son œuvre dans un micro ».

Chandeleur
Déchandeleur

Carnaval

CHANDELEUR ET DÉCHANDELEUR

L***E 2 fébrier*** est une journée de partagement et de tolérance. Soit l'on peut décider de faire la « chandeleur » — comme dans certains pays voisins qui croient dans Dieu — en se préparant des crêpes pour fêter la purification de la Vierge Marie et la présentation de Jésus au Temple quarante jours après sa naissance. Soit l'on peut aussi, et c'est souvent le cas au Groland (où la bigoterie spécialisée n'a pas non plus toujours bonne presse), décider de fêter plutôt la « déchandeleur » pour de rien (« *pas de Vierge, pas de Jésus, pas de Temple* », chante-t-on alors), et d'avaler en famille, ou entouré d'amis, plein-plein de câpres en quatrième vitesse — même si ça pince dans la gorge et sur le coin des gencives. Dans les deux cas, « chandeleur » ou « déchandeleur », il est plus que vivement conseillé, après le repas, de se rincer la bouche avec du Gris d'Anvoise, un vin blanc raide comme on l'aime au Groland, qui traite aussi bien le gras des crêpes que l'acidité des câpres sur les dents. Vive le partagement, vive le Gris d'Anvoise !

L'ANIMAL REMARQUABLE

La mouette pie-bec

MI-PIE, mi-mouette, la mouette pie-bec, principalement localisée dans le Groland-du-Bas, bénéficie comme son nom l'indique d'un bec particulièrement agile qui lui permet d'attraper toute sorte de choses avec une étonnante dextérité. Ainsi a-t-on déjà vu cet animal côtier au plumage gris-blanc attraper au vol la montre d'un élu local, le sac d'une petite vieille, la sirène d'une voiture de pompiers, ou encore un lecteur de DVD. Si bien que les scientifiques de Notre Présipauté commencent à se poser des questions sur la moralité de cet animal qu'on soupçonne, peut-être à raison, de cleptomanie aiguë.

HAÏKUKU

Les rides d'une femme
Sur l'édredon
Vite une gentiane

Marcellard Hakyô

LE SAVIEZ-VOUS ??

La femme à Batman vit à Berlimont

Elle s'appelle Josette Batman, elle a 71 ans, et elle vit au 65, rue de la Présidence à Berlimont, une bourgade sans histoire située à l'est du Groland-du-Côté. Cette petite femme discrète parmi les femmes discrètes ne paye pas de mine, pourtant elle partage sa vie avec Batman (le vrai) depuis maintenant plus de 45 ans. « *J'étais à une soirée de superhéros, j'avais un coup dans le nez. On s'est mis à discuter et on ne s'est plus quittés. Ça aurait pu être Superman ou bien Captain América, mais c'est tombé sur lui* », dit-elle en souriant. En 45 ans, Josette Batman dit s'être attachée à Berlimont. « *Et pis les loyers sont moins chers qu'à Gotham City* », ajoute-t-elle.

LE CONSEIL JURIGRO

Éviter un divorce coûteux

Vous avez rencontré l'amour en la personne de votre voisine, et vous aimeriez vous séparer de bobonne pour couler des jours heureux avec votre nouvelle conquête. Vous craignez cependant un divorce qui vous coûterait cher et amputerait nettement vos ressources. Essayez plutôt de caser votre femme avec le mari de votre maîtresse (donc votre voisin), vous vous éviterez ainsi des tonnes de paperasse, de ressentiment et de soucis. Une fois les deux nouveaux couples solidement accrochés, restez en bons termes et tentez l'échangisme, vous aurez ainsi toujours la possibilité d'aller prendre l'apéro chez vous.
Plus d'infos sur : www.jurigro.gro

Groverbe

« Un clavier Azerty en vaut deux »

- Jean-Mile Gates
informaticien grolandais du xxe siècle -

★★★ LA RECETTE ★★★

Le bonbon au foie de veau

C'est par le plus grand des hasards que Gildebert Ragnolet a mis au point le bonbon au foie de veau. Un soir qu'il cuisinait du foie de veau, ce restaurateur de Roussian-les-Jardins, dans le Groland-du-Bas, a fait échapper par mégarde dans sa poêle la pastille des Vosges qu'il suçait pour lutter contre une mauvaise toux et son haleine, tout aussi mauvaise, persistante. Laissant quelques secondes son bonbon revenir dans l'ustensile avant de le récupérer et de le reporter à sa bouche, Gildebert Ragnolet s'est aperçu qu'il tenait là une invention culinaire de premier plan. Depuis, il n'est plus un repas grolandais qui ne débute par un suçage du fameux bonbon au foie de veau, qui s'exporte désormais jusqu'au Japon et en Nouvelle-Zélande.

LE MONDE DES ASSOS

L'Association Ricky Tomaso

PLUS qu'un simple regroupement de personnes, l'Association Ricky Tomaso est un véritable hommage à celui qui fut le premier à créer au Groland un cabinet de détective privé et qui est mort en 2002 écrasé par un bus alors qu'il filait un mari adultère. Avec plus de 600 membres, l'association se bat aujourd'hui pour faire exister cette profession souvent décriée mais qui s'est donné pour but de faire exister la vérité. À l'occasion de ses 10 ans, le 17 fébrier 2012, l'association Ricky Tomaso a décidé d'organiser une grande journée portes ouvertes à Mufflins, lors de laquelle les détectives privés exposeront toutes leurs techniques de travail : planque en voiture, épluchage de factures téléphoniques, fouille de poubelles, déguisement en plombier et récupération de poils en tout genre dans les chambres d'hôtel.

CARNAVAL

S***i le Carnaval*** est souvent l'occasion que les Français saisissent pour se moquer des Grolandais (peut-être en raison des coutumes de travestissement empruntées au Brésil, et dont Notre Président raffole, lui qui n'hésite pas à défiler en *drag queen* en tête d'un char présidentiel « *pas piqué des hannetons* » selon les propos même de Christophe Salengro), c'est aussi un moment que choisissent les Grolandais pour mettre en perspective les travers (de porcs, disent les mauvaises langues) de leurs voisins hexagonaux. Ainsi, pour brocarder leurs « amis », les Grolandais n'hésitent-ils pas à porter des masques représentant les ténors de la politique française ou autres stars et people du pays de Raymond Poulidor, qui sont mises en situation dans des positions cocasses, sur des chars dédiés comme à Rio. On devrait donc retrouver cette année, entre autres, « Florent Pagny à la Trésorerie générale », « Jean-Marie Le Pen au cinéma 3D », « Franck Ribéry au cours moyen 2 », « DSK au RMI » ou encore « Véronique Sanson au bar à eau ».

CÔTÉ JARDIN

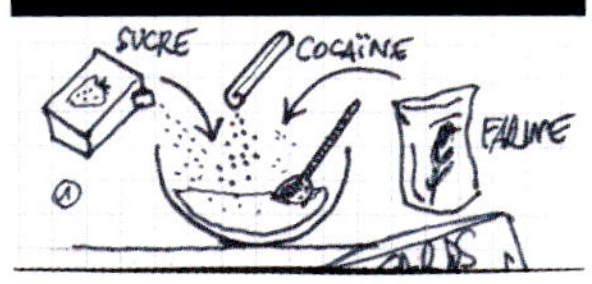

Le remède contre les pucerons

ON LE SAIT, les pucerons comptent parmi les pires ennemis du jardinier. Alors voilà un bon moyen d'éradiquer cette petite vermine, inventé par les ingénieux habitants de Trafison. On mélange du plâtre avec de la farine, du sucre en poudre et de la cocaïne, et on place la mixture à proximité des rosiers et autres aliments de prédilection de ces vilaines bêtes, avec à côté, une petite assiette plate avec de l'eau. Les pucerons goulus vont se jeter sur le mélange, puis se noyer dans l'assiette comme des junkies d'opérette. Il ne reste plus qu'à les jeter aux cabinets ou bien à les mixer en purée avec de la viande pour les donner en pâtée au chien.

JOEYSTARR

MINIST' DES DENTS ET DU FIL DENTAIRE

Terminé le brossage de dents au fromage ou à l'huile de vidange. Avec Notre vigoureux Minist' des Dents, l'hygiène dentaire est au programme en 2012.

C'EST APRÈS s'être pété une incisive en essayant d'ouvrir une noix dans le Palais Présidentiel de Groland que Christophe Salengro a décidé de mettre le paquet sur l'hygiène bucco-dentaire de Notre Présipauté. Les chicots et autres ratiches en déshérence sont en effet devenus monnaie bien trop courante. Pour cela, il a fait appel à un spécialiste du râtelier, le rappeur Joeystarr, du groupe NTM, qui a accepté cette mission sans rugir. « *Je suis très honoré que Notre Président ait pensé à wam. Je vais faire de mon mieux pour que les Grolandais puissent appréhender 2012 avec des dents en bon état. C'est quand même plus facile pour manger un poulet coco* », a déclaré le Minist' qui n'a pas souhaité exercer sa fonction sous son véritable nom (Didier Morville), préférant garder son sobriquet hip-hop.

Pour 2012, le nouveau Minist' prévoit d'ores et déjà de lancer un ambitieux plan d'action qui s'appellera « *Laisse pas traîner ton dentifrice* » et qui fera référence à l'un de ses tubes — « sans mauvais jeu de mots », confie l'intéressé. « *Suite à plusieurs enquêtes que j'ai comman-*

« Laisse pas traîner ton dentifrice »

dées, j'ai remarqué que les Grolandais étaient sous-équipés en dentifrice, t'as vu! Il existe encore trop de gens qui se brossent les dents avec du fromage, de l'huile de vidange ou du pâté de foie. C'est pourquoi j'ai décidé d'engager cette campagne, qui passera par une distribution massive de dentifrice dans les bars et dans les écoles.»

Les dents en or refondues en bracelets

Pour montrer l'exemple, Joeystarr se rendra en compagnie de Notre Président à l'école primaire de Chichigneux, puis au «Rendez-vous des amis» où après quelques verres de rhum en compagnie de Christophe Salengro, il se brossera les dents en public vêtu d'un hoodie de marque CHICO sur lequel on lira le slogan «*Laisse pas traîner ton dentifrice*» (hoodie disponible dans le commerce et dont l'intégralité des ventes sera reversée au Ministère des Dents).

Pour ce qui est des dents en or, en cette période de crise, Joeystarr entend «*toutes les récupérer*» pour les faire fondre et fabriquer des bracelets qui seront ensuite revendus à vils prix à des rappeurs américains en mal d'exotisme. «*J'ai récemment croisé Jay-Z qui m'a dit que les colliers de dents en or grolandaises allaient cartonner en 2013. Profitons-en pour les produire nous-mêmes*», a déclaré le Minist' en se nettoyant un bout de viande qui traînait entre la molaire et l'incisive.

Quant à la fin de l'année 2012, Joeystarr prévoit de mettre l'accent sur l'orthodontie : il compte reclasser les salariés de l'usine de clôtures et de barbelés Randigro de Majolet, dans le Groland-de-l'Autre-Côté, victimes d'un plan social. «*Les salariés de Randigro seront affectés dans des cabinets d'orthodontie au travers de l'ensemble de Notre Présipauté, et s'occuperont de tous les Grolandais qui ont un cimetière marocain dans la bouche. Et croyez-moi, y'a du monde sur la corde à linge, comme on dit chez moi*», conclut le Minist'.

Mörs

Joudi	1	St Cropantier	◑ 09
Dredi	2	St Cropétale	
Sadi	3	Ste Croquignola	
Grom.	4	St Croucougnet	
Lendi	5	St Croupitron	
Môrdi	6	Ste Crouquetère	
Credi	7	Fête grands-mères	
Joudi	8	St Crucru	○ 10
Dredi	9	St Crulu	
Sadi	10	Ste Crupine	
Grom.	11	St Cyprillin	
Lendi	12	St Davimon	
Môrdi	13	St Djaloumael	
Credi	14	St Djaouahil	
Joudi	15	St Djoudjoune	◐ 11
Dredi	16	St Domilanique	
Sadi	17	St Douguirant	
Grom.	18	St Émilemile	
Lendi	19	Ste Emmama	
Môrdi	20	Printemps	
Credi	21	St Euskal Herriko	
Joudi	22	Ste Fantine	● 12
Dredi	23	St Fenladar	
Sadi	24	St Ferlandin	
Grom.	25	St Fernoulan	
Lendi	26	Ste Figolaine	
Môrdi	27	St Filenchon	
Credi	28	St Filnoy	
Joudi	29	Ste Filochère	13
Dredi	30	St Finton	◑
Sadi	31	St Fionlon	

Reproduction du président

C'***est le jour*** où Notre Président soigne sa descendance. C'est en effet un 20 mörs 1990 que Notre Président eut la joie d'accueillir Gounillon 4, son tout premier fils, malheureusement décédé quelques heures seulement après sa naissance, juste après avoir été pris dans les mains par son papa. C'est également un 20 mörs que naquirent Pilounet 8, Rumigron 1600, Oudibla 99, Papibou 26, Ougandi 21/29/7 et Marteau 2, tous malheureusement, comme leur feu-frère, victime de « mornétude ».

On apporte traditionnellement en ce « jour de reproduction » son ou ses nouvelles progénitures à Notre Président, qui les présente de longues minutes à la fenêtre du Palais de Groville après un repas copieux et arrosé à la fin duquel il a souvent pris deux fois du dessert, comme on dit au Groland. Les enfants sont ensuite lancés en l'air et généralement ramassés sur le sol par les services de nettoyage de Notre Présipauté qui recueillent les petits corps disloqués.

Bientôt un enfant légitime ?

Pourtant, depuis plusieurs mois, les rumeurs vont bon train et le Groland pourrait bien cette fois connaître son héritier. Christophe Salengro, tombé fou amoureux d'une chanteuse et mannequin italienne, aurait décidé selon son entourage de « *faire un peu gaffe* » en ce 20 mörs 2012, et songerait même selon certaines sources à assumer sa paternité. « *Je vais quand même pas filer le pays aux Chinois* », aurait-il déclaré à l'un de ses proches. On murmure aussi que des petits vêtements spéciaux (dont un bonnet à grandes petites oreilles) auraient été commandés dans le plus grand secret à une usine d'artisanat pour enfant de Faudron, dans le Groland-du-Côté, celle-là même qui avait fabriqué les vêtements de Christophe Salengro peu avant sa naissance en 1952.

Fête de nos
grands-mères

Compét'
des cafét'

HAÏKUKU

Sous les roues du camion
La route est plate
Ma tête aussi

Carmagnole Shiki

L'astuce de Mamie Gribentine

BIEN ENTRETENIR SES ANIMAUX EMPAILLÉS

PARVENIR à garder ses animaux empaillés avec l'air aussi vivant qu'au premier jour, c'est presque un job à plein temps. Mamie Gribentine, elle, fourre ses animaux au steak haché pour préserver leur bonne mine. On utilisera de préférence du bœuf pour les faisans et les merles, alors que du veau sera préférable pour les truites et les soles. Pour obtenir un poil ou des écailles bien lustrés, ne pas oublier de les frotter dans le sens inverse des aiguilles d'une montre. Merci Mamie Gribentine !

L'INVENTION

Le range-truites

Parce qu'il y a les assiettes pour ceux qui les mangent, et les étangs pour ceux qui les rejettent à l'eau, Michel Blon, un habitant d'Auboigne-le-Pont a inventé l'outil nécessaire à ceux qui veulent garder leurs truites auprès d'eux. C'est en voyant dans la chambre de son fils un range-CD que Michel Blon a eu l'idée de concevoir un objet similaire à destination des poissons. Haut d'un mètre et pouvant accueillir quelque treize truites, l'invention de Michel Blon est un must pour les pêcheurs. A noter que le range-truites s'accompagne d'un vieux journal qu'on dispose en-dessous «*pour éviter que ça goutte sur la moquette*», précise Michel Blon.

FÊTE DE NOS GRANDS-MÈRES

C'***est sous le slogan*** « *Tu l'aimes bien mé-mé* » que se déroule cette année encore la fête des grands-mères. Pour honorer ces femmes qui leur ont appris à finir leur assiette, à faire leurs lacets, à se secouer la nouille jusqu'au bout ou encore à piquer des morceaux de sucre dans les restaurants, les Grolandais mettent ce 7 mörs leur télé à fond et payent tous leurs achats rien qu'en petite monnaie. À Vitroux-le-Vieux, une grande course de déambulateurs est organisée par le maire, un féroce berger allemand nommé Hitler (qui récompensera la gagnante) ; à Albichon-le-Maresque, dans la salle polyvalente de la ville, se tiendra un concert événement de « *l'idole des casques mauves* », Franck Michaelo ; alors qu'à Charoit-la-Forêt, se déroulera, dans les locaux du gymnase Jean-Marie Proslier, un bingo géant avec des conventions obsèques et des urnes funéraires fantaisies à gagner.

LE SAVIEZ-VOUS ?

Les Producteurs de Porc en single

Un événement majeur va secouer l'industrie musicale avec l'arrivée du printemps. Cette année, le chant des oiseaux risque d'être sérieusement altéré par la sortie du premier album des *Producteurs de Porc*, le groupe officiel de la Présipauté. Ce combo punk-rock écume les salles grolandaises depuis des années et accompagne Notre Président dans ses déplacements officiels, jumelages, festivals lors desquels il n'hésite pas à hurler la chansonnette micro en main. L'hymne « God Save the President », qui n'est pas sans rappeler un grand classique de la musique de chambre britannique du siècle dernier, devrait résonner sur toutes les radios en ce début d'an 12. Un single qui vient à point pour fêter la réélection de Notre Président, même si Jane Manson, Gilbert Montagné et Mireille Mathieu ne figurent pas dans les harmonies vocales.

LE NUMÉRO UTILE

Une envie pressante et rien sous la main ? Grâce à Papier Vit' et à sa batterie de livreurs d'urgence, il est possible de parer à l'imprévu. En moins de temps qu'il n'en faut pour dire « Oh nom de Dieu », les hommes de Papier Vit' sont là. Avec dix années d'expérience et plus de 800 000 kilomètres de papier livrés (soit près de deux fois la distance de la Terre à la Lune), l'entreprise prévoit désormais de mettre en place des « équipes spéciales » auprès des endroits « à risques » : maisons de retraite, restaurants indiens, mais aussi mexicains, et suivent de près tous les déplacements du Président Salengro.

LA COMPÉT' DES CAFÉT'

À ***l'instar*** de celle de Paris en France, la mairie de Groville organise comme chaque année (et depuis 1995) une grande course de serveurs de cafétérias. Le parcours traverse la capitale et met à l'épreuve les serveurs des meilleurs self-services et restoroutes munis de leurs outils de travail. Comme chaque année, c'est l'équipe du restaurant d'entreprise DAMECO qui partira favorite, après avoir remporté le titre à plusieurs reprises en parcourant 4 kilomètres en 19 minutes et 56 secondes, en ne renversant que 160 grammes de poulet basquaise, trois fourchettes et deux îles flottantes. Pour montrer leur solidarité envers ceux qui ont faim, les organisateurs ont décidé d'envoyer dans les pays du tiers-monde tous les aliments qui seront retrouvés sur le sol entre la ligne de départ et la ligne d'arrivée. L'opération s'appelle : « *C'est pas parce qu'on n'a une assiette sur le bras qu'on a pas la main sur le cœur.* »

Groverbe

« Qui viole un œuf, viole un bœuf »

- Émilemile Louis, zoophile grolandais du XVIIe siècle -

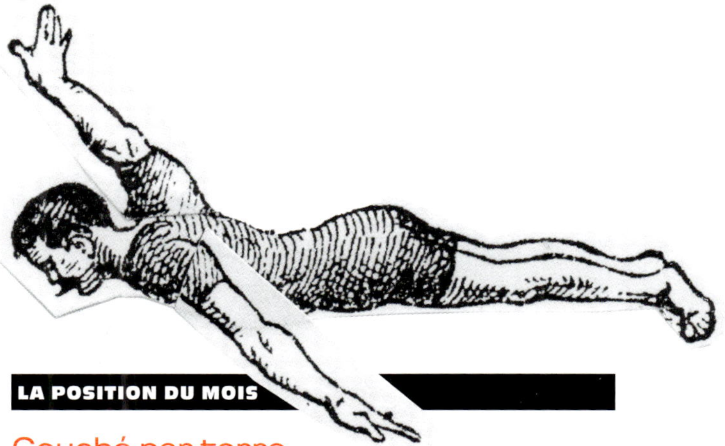

LA POSITION DU MOIS

Couché par terre

INAUGURÉE par Notre Président lui-même à la fin d'un dîner officiel en compagnie du Premier Ministre russe Vladimir Poutine, la position « couché par terre » permet de conclure les moments difficiles avec une certaine forme de sobriété – physique au moins. Il suffit pour la pratiquer de s'allonger sur le sol, face contre terre pour éviter les éventuels piétinements, et de tendre le plus loin possible ses jambes et ses bras (bras que l'on peut aussi replier sous son visage en cas de sol dur). La position couchée par terre peut se réaliser aussi bien à l'intérieur qu'à l'extérieur, de jour comme de nuit, en été comme en hiver. Elle est cependant un peu déconseillée en hiver en extérieur et de nuit, pour éviter ce que l'on appelle « la mort stupide à la polonaise ».

LA BONNE ADRESSE

Le Grand Huit à Hurmul

6, impasse des Churros, Hurmul

C'est le nouvel établissement de l'ancien avant-centre du grand FC Bouillon des années 1980, Gilles Trochu. Après avoir monté une guinguette branchée sur une péniche, le voilà qui déboule avec un restaurant sur le thème de la fête foraine. On y mange dans des auto-tamponneuses ou sur des chevaux de bois. Des lilliputiens vous servent à table en faisant des pyramides humaines et la femme la plus grosse du monde tient la caisse. Assis à sa place, on peut tirer à la 22 Long Rifle sur des ballons volants qui contiennent l'addition.

Spécialités : pomme d'api, guimauve, pain d'épice, gaufres, glaces à l'italienne avec son lit de confetti.

LE GOUVERNEMENT À L'ACTION

DENIS PODALYDÈS

MINIST' DES NEURONES, DES CRAYONS ET DES PINCEAUX

Avec son plan radical, Notre courageux Minist' entend bien faire reculer la connerie dans la Présipauté. Il est prêt pour cela à aller jusqu'à traiter le mal par le mal.

« **ON A** *au Groland une sacrée tripotée de cons, et Notre Président m'a demandé de m'en occuper. Comme on dit, y'a du boulot* », s'est écrié Denis Podalydès juste après sa nomination. C'est sans aucun doute pour ses qualités de comédien que Denis Podalydès a été choisi. « *Avec Podalydès, les plus cons des cons ne pourront pas jouer au con, il est bien plus fort qu'eux* », s'est enorgueilli Christophe Salengro.

Notre Minist' entend, avant toute chose, opérer une différence entre les cons. « *Il y a les cons, qui sont encore sauvables, et nous allons faire le maximum d'efforts dans ce sens. Il y a les gros cons, qui sont des cas compliqués mais nous allons faire en sorte d'en sauver quelques-uns. Il y a enfin les super gros cons, qui sont irrécupérables, et que nous allons traiter de façon spécifique.* »

Les super gros cons seront au cœur de l'action du nouveau Minist'. « *J'ai un plan d'action très précis pour me débarrasser de ceux-là. Nous allons les localiser, aller les chercher chez eux, les transporter dans des gymnases et les confronter à des grandes œuvres d'art. Nous allons leur faire bouffer du Mallarmé, de la musique contemporaine, et les exposer à des tableaux sémi-*

« Exposer les cons aux grandes œuvres d'art »

naux. Ceux qui se rebelleront ou auront une attitude violente seront transportés dans des endroits spéciaux à l'abri des regards, où ils recevront un traitement de choc. »

Des détecteurs à crétins dans les écoles maternelles

Mais qu'entend exactement Notre Minist' par « *traitement de choc* » ? « *Nous allons les faire aller encore plus loin dans leur connerie en traitant le mal par le mal. Ils devront ainsi assister à des matches de football qui dureront 18 heures pendant lesquels ils seront obligés de beugler non stop des chants de supporters. On arrivera bien à en sauver un ou deux.* » Denis Podalydès entend également prendre le problème de la connerie à la racine, en essayant de la détecter dès le plus jeune âge. « *Il n'y a pas d'âge pour être con, comme l'a dit un jour le grand chanteur français Jean-Louis Murat. Je compte donc installer des détecteurs à crétin dans toutes les classes maternelles du Groland. C'est en traitant la connerie dès les premières années que l'on obtiendra des résultats.* » Une fois le processus de rémission bien engagé, les futurs ex-cons pourront pofiter du programme ATG (emplois thérapeutiques grolandais) pour se réadapter au sein du Musée International des Arts Modestes de Sète (MIAM), dans le sud de la France. Le fondateur de ce centre de rééducation, Hervé Di Rosa, peintre de son état, se chargera de faire définitivement oublier leur handicap aux malheureux victimes de connerie congénitale. Le MIAM consacrera ensuite, du 7 mai au 4 novembre 2012, une immense exposition consacrée aux divers aspects de Notre Présipauté. On y verra pour de vrai des objets ayant appartenu à Notre Président et d'autres Grolandais célèbres, ainsi que des photographies prises ces dernières années par le présentateur vedette de GRO1, Jules-Édouard Moustic.

LES HAUTS LIEUX DE NOTRE PRÉSIPAUTÉ

Chichigneux

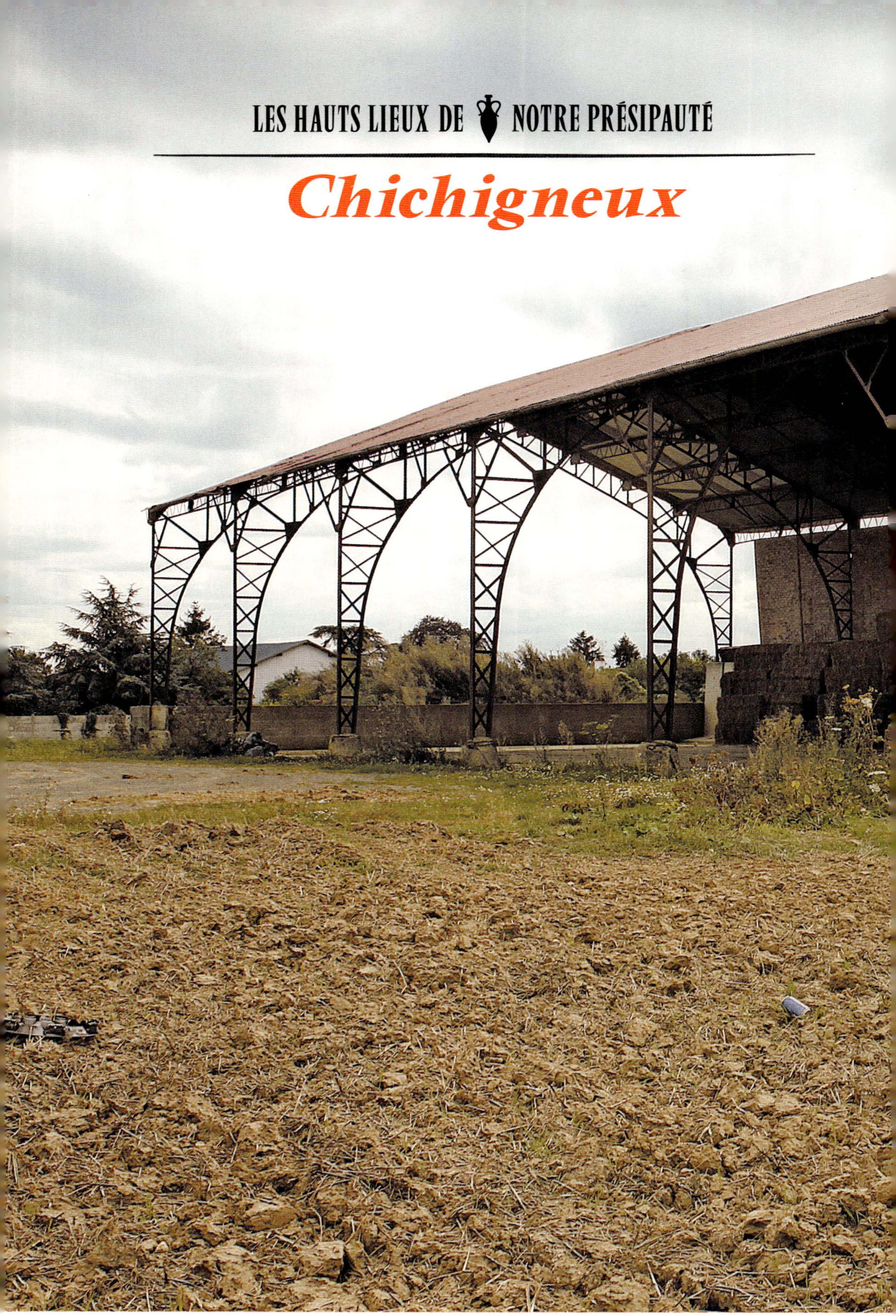

Le futur centre de recherche spatiale.

Avéril

Grom.	1	Poisson d'avéril	
Lendi	2	St Fisbert	
Môrdi	3	Ste Fistine	
Credi	4	Fête des nains de jardin	
Joudi	5	Fête des dentistes	14
Dredi	6	Ste Fitalette	○
Sadi	7	Ste Flagada	
Grom.	8	Ste Flatule	
Lendi	9	St Flibuste	
Môrdi	10	St Flandron	
Credi	11	St Fliburnin	
Joudi	12	Ste Flifline	15
Dredi	13	St Flitanlliers	◐
Sadi	14	Ste Floridette	
Grom.	15	St Flutiau	
Lendi	16	Ste Foufouna	
Môrdi	17	St Frangipul	
Credi	18	St Framboilison	
Joudi	19	St Francis	16
Dredi	20	St Frangipon	
[redacted]			●
Grom.	22	Ste Franpitère	
Lendi	23	Ste Fransiboise	
Môrdi	24	St Frénet	
Credi	25	Ste Froucine	
Joudi	26	St Furion	17
Dredi	27	St Gabardin	
Sadi	28	Ste Gabouline	
Grom.	29	St Gado	◑
Lendi	30	St Gadoulin	

Salon de l'Agroculture

Comme chaque année, Notre Président se rend au Centre des expositions de Groville pour le salon international de l'Agroculture, qui se tient du 20 au 27 fébrier à la Porte de Roboncourt. Tout au long de la semaine, c'est plus de deux cent douze paysans venus de toutes les extrémités du Groland qui exposent bestioles et produits du terroir, pour le plus grand bonheur du Président Christophe Salengro qui viendra, selon ses propres termes, mettre sa traditionnelle « *croquette sur le cul des ânes* » et se « *taper une bonne cloche* ». On se souvient que c'est au salon de l'Agroculture que Notre Président avait vécu une brève amourette avec une vache nommée Béthina, le couple se séparant au bout de quelques jours après que la jeune femelle eut dû retourner dans sa ferme de Sourouge brouter un peu d'herbe. Pour cette édition 2012, c'est le Groland-de-Côté qui sera à l'honneur, cette région frappée par l'exode rural mais qui depuis quelques années semble relever la bêche. Grâce notamment à de jeunes agriculteurs courageux venus reprendre les terres de leurs parents partis, eux, trouver du réconfort auprès des comptoirs des villes.

Un stand «agroculture numérique»

Le salon rendra hommage aux animaux et produits de la région : avec, entre autres, les vachettes et le cidre de patate de Garoubeau-sur-Delon, mais aussi le poireau d'Épigniole avec son incomparable robe verte et blanche et son poil aux pattes (qui n'a rien à voir avec le poireau de Grongin, qui lui n'est pas d'Épigniole faut-il le préciser). À noter, pour la première fois, la présence d'un stand «agroculture numérique» pour mieux aider les gens du terroir à compter les vaches ou les bidons de lait avec leurs doigts, ou encore à ranger leurs tracteurs dans l'ordre décroissant des aiguilles d'une montre.

Poisson
d'avéril

Journée
contre
le 21 avril

LE CONSEIL JURIGRO

Adopter un enfant

C'**EST** un geste noble que de vouloir adopter un enfant, mais les voyages jusqu'en Asie ou en Afrique sont éprouvants et coûtent une fortune. Sans parler des procédures qui peuvent s'éterniser. Pour trouver un enfant adoptable près de chez vous, rendez-vous en voiture dans le foyer d'hébergement pour sans-papiers-cul de Roboncourt, muni de votre ancien téléviseur et de votre ancien magnétoscope VHS. Demandez ensuite au patron des lieux (que vous amadouerez par une bouteille d'alcool de pneu) de vous présenter une famille, et échangez le plus jeune de leurs douze enfants contre votre ancien matériel qui les ravira. Le troc se fera dans la plus grande tranquillité, et ça vous débarrassera aussi une bonne partie de la cave.
Plus d'infos :
sur www.jurigro.gro

POISSON D'AVÉRIL

À ***l'inverse*** de certains pays où le 1er avéril est l'occasion de pochades et autres mauvaises blagues, c'est au Groland l'occasion de rendre hommage aux pauvres et aux malades gravement atteints, à qui l'on colle un poisson dans le bec. Ainsi, pour gagner du temps dans un agenda qui est déjà bien rempli, Notre Président se rend-il comme chaque année dans un endroit du Groland où la maladie le dispute à la misère. Cette année, c'est le Centre des Pauvres Irradiés de Saint-Peux (le CPISP, situé dans le Groland-du-Côté) qui a été choisi pour la visite officielle de Christope Salengro. C'est dans cet établissement d'utilité publique où des clochards trépassent lentement après avoir été envoyés — contre leur gré — à la rescousse des ouvriers de la Centrale de Fukukaka (Japon) que Notre Président passera quelques précieuses minutes. Il distribuera quelques poissons panés à la sciure de bois congelée à ces courageux bougres en fin de vie.

HAÏKUKU

Marathon sur l'épicentre du comptoir
Autour des dos courbés
Se vide le genièvre

Brugnion Seishi

Un Grolandais à la Maison Blanche

C'est lors de sa dernière visite officielle au Groland que le Président Obama a fait la connaissance de Maraval Ulbien, un magicien grolandais qui depuis ne le quitte plus. Surnommé le « Garcimore de Planvier », ce Grolandais de 57 ans a exécuté devant Monsieur Obama plusieurs tours (la « cigarette baladeuse », le « panaris coulissant » ou la « Mexicaine coupée en six ») qui l'ont bluffé à tel point que Maraval dispose désormais de sa propre chambre à la Maison Blanche. Maraval Ulbien travaille depuis à Washington au clou de son spectacle : la transmutation de bons du Trésor américains et de dette souveraine grecque en bons vieux francs suisses.

CÔTÉ JARDIN

La « Buitoni » anti-mousse

POUR lutter contre la mousse qui envahit nos belles pelouses, le sulfate de fer et le lance-flammes ne suffisent pas toujours. Alors, à Le Bonjandou, dans le Groland-du-Côté, on a inventé une technique des plus efficaces. On saupoudre sa pelouse de sauce bolognaise et de parmesan au début de l'été. L'effet est garanti : plus aucune trace de cette vilaine mousse qui colle aux chaussures et mange le gazon. « *En plus, ça donne une belle couleur* », confie Héloulou Lisarelli, initiateur de cette astuce qu'on appelle aussi « la Buitoni » du côté de Bonjandou.

Groverbe

« Sois bon à Mufflins, on te chiera dans la main »

- Groverbe mufflinois du XV*ᵉ siècle -*

L'ANIMAL REMARQUABLE

La vache folle

ON LA DIT folle, mais elle ne l'est pas tant que ça, la vache de Pacognant. Butinflard Laffetouze, un fermier local, a en effet prouvé que ses vaches qu'on disait « atteintes d'un petit grain » faisaient à l'inverse preuve d'une sensibilité toute particulière. Pendant plus d'un an, le bon Butinflard a organisé un petit atelier peinture avec ses vaches, et le résultat est assez surprenant : des paysages qui flirtent avec l'impressionnisme, des natures mortes ou des études d'une précision étonnante (ne manquez pas celle intitulée « La Trayeuse »), et des portraits parfois bouleversants, dont celui d'une jeune vache transsexuelle appelée Kelly qui rappelle Goya. Encore une fois, l'art repousse les frontières de la folie.

★★★ LA RECETTE ★★★

Le pain aux glands

Pour un repas qui tient au cœur en ces périodes brumeuses et humides, pensez à la traditionnelle recette grolandaise du pain aux glands. Très facile à réaliser (il suffit de disposer des glands sur du pain dur, avec éventuellement un peu de fromage moisi), elle commémore la fuite au désert des moines blonds pour échapper au terrible Rasloum, un monstre hepta-testiculaire qui terrorisa tout le Groland-de-l'Autre-Côté en l'an 1508. Le pain aux glands a été remis au goût du jour par Silamon Gaullier, un ingénieur-boulanger dont l'établissement, « La Cabane à pain à glands », ne désemplit plus. Attention à ne pas confondre cependant le « pain aux glands » avec « le pain aux gants », qui lui se cuisine avec des gants.

SUPPRESSION DU 21 AVÉRIL

C'***était le 21 avéril 2002*** chez nos voisins Français. Jean-Marie Le Pen, candidat de la droite extrême, atteignait pour la première fois le second tour de l'élection présidentielle. Dès lors, beaucoup de compatriotes de l'animateur Julien Lepers s'étaient réfugiés au Groland, saccageant nos postes frontières, nos sandwicheries et nos pompes à essence. Choqué par tant de désespoir et de goujaterie, fort soucieux de préserver l'intégrité et la sécurité de la Présipauté, Notre Président a ainsi décidé, à son unanimité, de supprimer purement et simplement du calendrier grolandais la date du 21 avéril 2012 (en prévision des nouvelles élections présidentielles qui se tiendront alors en France). « *Nous passerons directement du 20 au 22 en buvant un coup ; il n'est plus question de risquer de voir notre territoire piétiné par des Français déprimés par leurs propres turpitudes* », a déclaré Notre Président, un verre de Campari à la main.

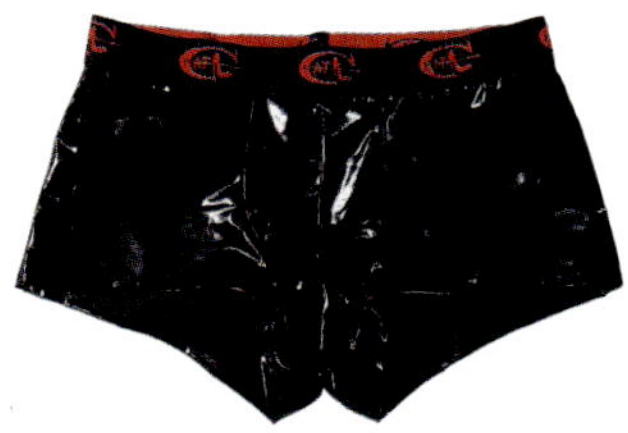

LE MONDE DES ASSOS

Le SLIP

SLIP, ça veut dire Société de Lingerie d'Intérêt Public, et c'est une association qui, en plus de quinze ans, a largement contribué à changer les mœurs grolandaises en matière de tenue intime, surtout chez les plus démunis. Chaque année, le SLIP permet en effet aux plus pauvres de recevoir des culottes décentes récupérées auprès des particuliers ou des Pompes Funèbres Grolandaises. Selon Raymondine Lotremou, sa présidente, c'est plus de 200 bénévoles qui œuvrent aujourd'hui à travers Notre Présipauté dans les treize antennes du SLIP, et qui équipent en dessous (et désormais en soutien-gorge) les personnes dans le besoin en faisant du slogan « *Rester propre, c'est culotté* » une véritable réalité.

LE GOUVERNEMENT À L'ACTION

PHILIPPE KATERINE

SECRÉTAIRE D'ÉTAT AUPRÈS DU MINIST' DU DÉVELOPPEMENT DU RIEN, CHARGÉ DE LA VALORISATION DES DÉJECTIONS

Resté très proche de Notre Président depuis leur défécation commune en 2008, son secrétaire d'État souhaite qu'on conserve les déjections comme des objets d'art.

SOUVENEZ-VOUS, c'était le 15 janbier 2008, Christophe Salengro prenait pour époux Philippe Katerine.
L'idylle a certes tourné court, mais le sens des responsabilités et la bienveillance de Notre Président ont su transformer cet amour défunt en une relation de confiance et de travail. Philippe Katerine, qui jouit désormais de la nationalité grolandaise (suite à ce mariage), occupe en effet depuis quelques mois un poste stratégique de secrétaire d'État auprès du minist' du développement du rien, chargé de la valorisation des déjections. Passionné par ces questions ontologiques, M. Katerine sait aussi rendre hommage à la grandeur d'âme de son ex-mari. *« C'est un honneur d'avoir été désigné. J'ai vécu une petite aventure avec Notre Président, nous avions été photographiés en train de déféquer entre deux voitures par des paparazzi. Je crois que ma nomination est dès lors plutôt dans la logique des choses. Je garde un souvenir olfactif de ma relation avec Notre Président, je me souviens de son haleine… C'est important que nous ayons pu pro-*

« Bientôt un musée de la déjection à Mufflins »

longer cette relation d'une autre façon, peut-être moins sentimentale. Et puis tout cela me permet d'avoir un beau cabinet», se réjouit Philippe Katerine, déterminé.

Le crachat reste secondaire

Et d'expliquer son plan : *«Je suis pour la conservation des déjections comme objet fétiche, comme œuvre d'art. Je veux qu'on ouvre un musée des déjections, ce serait bon à bâtir, pourquoi pas du côté de Mufflins. Il faut aussi songer à ré-enseigner l'histoire du colombin, qui n'avait pas à l'époque la même consistance qu'aujourd'hui. Les gens ne produisaient pas la même matière, le stress et l'alimentation n'étaient pas les mêmes.»*

Philippe Katerine songe également à mettre en perspective la «diversité» des déjections grolandaises. *«Il faut penser à envisager cette histoire de façon régionale, on ne produit pas les mêmes choses dans le Groland-du-Bas et le Groland-de-Côté. C'est important à rappeler.»* Le projet du secrétaire d'État compte en outre un volet prophylactique: *«La déjection est le principal indice de santé, je prône le retour à la science. Le docteur disait jadis "Comment ça va? Vous allez bien à la selle?" Ce sont des questions qui ne se posent plus aujourd'hui, et qui pourtant sont essentielles. Le monde médical doit se ré-intéresser aux déjections. C'est pourquoi j'ai décidé de rassembler tous les médecins du Groland en septemb' pour les mettre au parfum, si je puis dire»,* note le secrétaire d'État, avant de mettre une nouvelle fois le colombin en haut de sa liste de priorités. *«Le crachat est passionnant, évidemment, mais plus éphémère, il reste secondaire. Je suis dans la matière solide, le glaviot n'est pas sur le même plan, ainsi que l'urine et le vomi.»* Puis il conclut, rassurant: *«Il ne faut pas avoir peur de sa production, ne pas avoir de mine de dégoût lorsqu'on en parle.»*

Mê

Môrdi	1	Fête du travail	
Credi	2	Ste Gakere	
Joudi	3	St Galibert	18
Dredi	4	St Garbur	
Sadi	5	Ste Gargamelle	
Grom.	6	Ste Gargotence	○
Lendi	7	St Gé	
Môrdi	8	Ste Geannérole	
Credi	9	St Végrandouard	
Joudi	10	Fête de l'Europe	19
Dredi	11	St Géguérard	
Sadi	12	St Georgel	◐
Grom.	13	Fête des tire-bouchons	
Lendi	14	St Géralin	
Môrdi	15	St Géronimo	
Credi	16	Ste Gibecine	
Joudi	17	Ascension	20
Dredi	18	St Gibloton	
Sadi	19	Ste Gibouillette	
Grom.	20	Ste Gigougelle	●
Lendi	21	St Gildebert	
Môrdi	22	St Ginet	
Credi	23	St Giremberton	
Joudi	24	St Girotenpire	21
Dredi	25	Ste Gisnine	
Sadi	26	St Glabar	
Grom.	27	Ste Glaviote	
Lendi	28	St Gluctère	◑
Môrdi	29	St Glup	
Credi	30	Fête de nos mères	
Joudi	31	St Gonzacreul	22

Fête des tire-bouchons

Lorsqu'on fête l'Ascension au Groland, on célèbre bien évidemment ce petit outil qui fait monter le bouchon en haut de la bouteille, jusqu'à en entendre ce fameux bruit libérateur qui annonce le début des libations. C'est en effet un 13 mê de l'an de grâce 612, alors que les Grolandais venaient d'en finir avec l'accueil des Ostrogoths, Vandales, Avars et autres Alains qui avaient pour sale manie de violer les femmes mais aussi tirer sur les bouchons avec leurs vilaines dents, qu'un descendant éloigné de Notre Président, Patalgèbre Salengro, eut l'idée de mettre au point un petit ustensile — certes rudimentaire — mais qui permettait, à sa façon, de faire sauter le petit morceau de liège obstruant toujours le goulot. Depuis lors, chaque 13 mê est l'occasion pour les Grolandais, enfants comme adultes, de rendre un hommage appuyé au génie de celui que l'on a coutume d'appeler depuis des siècles « le petit Jésus de Dandledans-les-Vignes » (la petite commune viticole du Groland-de-Côté d'où était originaire Patalgèbre).

L'ouverture de la première bouteille dès 10 h 30

Dès l'ouverture de la classe, les écoliers entonneront ainsi le *millénaire « Patalgèbre tu es bon / Tu es bon / Merci pour ton tire-bouchon »*, qu'ils ponctueront d'un petit claquement de la langue sur le palais (imitant le bruit du bouchon qui saute), en levant bien haut leurs yeux vers le ciel. Une chanson que l'on reprendra tout le jour dans les différents débits de boisson de Notre Présipauté, et que Christophe Salengro lui-même entonnera en ouvrant la première bouteille de son « apéritif du midi », aux alentours de 10 h 30.

Pour fêter le 1 400e anniversaire du tire-bouchons grolandais, la chaîne GRO1 a décidé cette année de rediffuser à 15 h 30 le documentaire historique *Patalgèbre ce héros moderne*, réalisé en 1983 par un Michael Kael qui faisait alors ses grands débuts à la télévision.

Fête des moqueries de l'Europe

Fête de nos mères

Groverbe

« Deux hommes dans un lit, bon appétit »

- Michou Gloutier, patron de cabaret transformiste grolandais du XXe siècle -

L'INVENTION

La banane à vin

Pas toujours facile de trimballer des bouteilles. Voilà pourquoi un jeune ingénieur grolandais passionné de vin, Pourbert Manchicot, a créé une banane à vin que l'on porte autour de la ceinture et qui permet de transporter plusieurs litres de vin sans même s'en rendre compte. Immédiatement brevetée, la banane à vin est une immense réussite commerciale au Groland où plus de dix mille exemplaires se sont déjà écoulés depuis la fin de l'année 2010. Pourbert Manchicot ne compte pas s'arrêter là puisqu'il songe déjà à mettre sur le marché pour l'été 2012 une banane à vin isotherme, idéale pour emmener avec soi des boissons anisées, la bière ou un petit rosé des familles.

QUE SONT-ILS DEVENUS ?

Georges le révolutionnaire a gardé la flamme

IL S'APPELLE Georges Lebouteux et, en 1994, en bon fils de révolutionnaire – son aïeul Ferdinand avait essayé de couper la tête du Comte de Moselle avec un bout de fer –, il avait essayé de couper la tête de son patron à la suite de la fermeture de son entreprise. Pris par les chausse-trappes de la mondialisation, il avait été mené de Neuilly-sur-Seine, à Séoul puis à Fidji-City (d'où il n'est jamais reparti) pour trouver le patron-voyou qui n'était au final qu'un fond de pension sur le web. Devenu mendiant, Georges Lebouteux passe aujourd'hui son temps à péter des boîtes aux lettres en hurlant « *salauds de patrons !* »

FÊTE DES MOQUERIES DE L'EUROPE

C*ar Notre Présipauté* s'est toujours tenue un peu à l'égard de l'Europe, par la volonté d'un Christophe Salengro qui affirme sans cesse qu'il ne comprend pas comment on peut « *mélanger un macaroni, une saucisse de Francfort et un bleu d'Auvergne* », le 10 mê est l'occasion pour les Grolandais de rire et de faire des blagues sur leurs voisins de l'Union Européenne. Cette année, c'est le Portugal qui sera au cœur de cette célébration légère et coquine : un concours de quolibets ayant rapport à la culture lusophone sera organisé au « Manhattan » d'Effrougneux, rebaptisé pour l'occasion « Bar de la Morue », où l'on ne manquera certainement pas d'entendre, entre deux verres de *vinho verde* ce bon mot devenu presque un classique lorsqu'on évoque les congénères de Fernando Pessõa et autres Linda de Souza : « *Comment reconnaît-on un Portugais à son mariage ? Il a le plus beau jogging.* »

CÔTÉ JARDIN

Les douches à salade

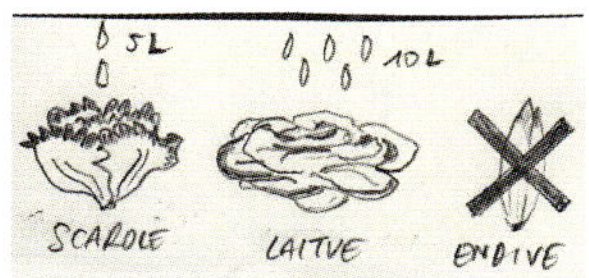

LA SÉCHERESSE et la salade n'ont jamais fait bon ménage. Alors à Jarjenbois, dans le Groland-du-Bas, on a ingénieusement mis au point des douches pour salades. Sur le modèle des Vélib' de nos voisins Français, ces douches sont accessibles à tous et disponibles en mairie contre quelques eugros. Ainsi l'on peut déposer sa laitue, sa frisée, sa roquette, sa scarole ou sa mâche pour un petit instant fraîcheur entre salades, et la ramener ensuite tout humide jusqu'à son jardin. Les douches, interdites aux endives, seront ouvertes tout l'été du lendi au sadi, de 8 heures à 17 heures, et le gromanche de 14 heures à 17 heures.

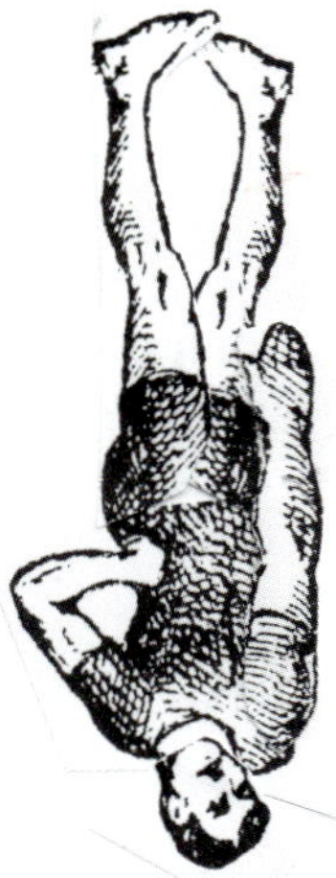

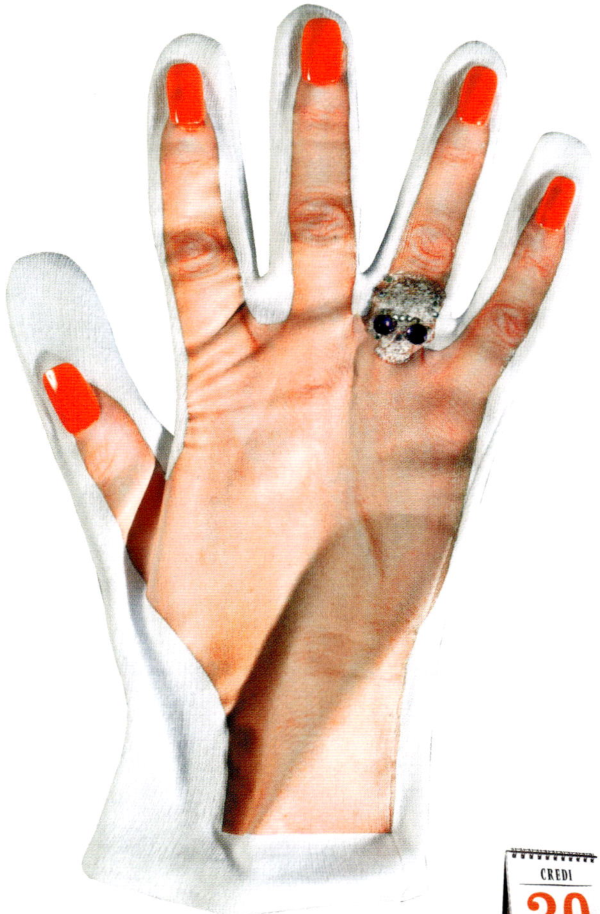

LA POSITION DU MOIS

Debout sur la tête

C'EST parce qu'il pratique la danse hip-hop que MC Joss Bouchard a découvert les vertus de la position « debout sur la tête ». Un jour qu'il tournait sur lui-même avec la caboche plantée dans le sol, MC Joss Bouchard a vu le monde comme il ne l'avait jamais vu. Conseillée aux amateurs de sensations fortes, la position « debout sur la tête » est aussi fortement recommandée à ceux qui auraient tendance à abuser de substances psychotropes. Depuis qu'il a eu sa révélation, MC Joss Bouchard intervient régulièrement au Centre Sami Nacéri de Bleurille-sur-Bré, dans le Groland-de-Côté, où il aide, grâce à sa trouvaille, plusieurs jeunes drogués à décrocher en douceur.

FÊTE DE NOS MÈRES

Le jour de la Fête de nos mères est une journée de grève en famille. Ainsi les Grolandais ne se lavent pas les mains avant de manger, laissent des cheveux traîner dans le lavabo, et ne se brossent pas du tout les dents. Une façon bien à eux de rappeler leur attachement à celle qui leur a donné la vie mais qui passe ensuite le plus clair de son temps à la leur pourrir. Et pour que tout le monde célèbre la Fête de nos mères, l'Association des vieilles filles du Groland et l'orphelinat de Voizans-sur-Gillerbe, dans le Groland-du-Bas, ont décidé d'organiser dans la salle des fêtes de la commune une journée de rencontre entre des femmes sans enfants et des petits enfants sans mamans, sur le thème « *Range ta chambre petit con ou je t'en colle une* ».

LE SITE UTILE

« **T***atave et ses Bringeardiens, c'est les Beatles du Groland* ». Voilà ce qu'avait dit le grand reporter Michael Kael, à la fin des années 1980, lors d'un fameux reportage pour lequel il avait suivi le groupe de Bringeard (Groland-de-Côté) lors d'une tournée mondiale en Alsace. Trente ans plus tard, et même si Tatave Porrin est le dernier membre du groupe à n'avoir pas encore quitté le navire (baisse des ventes due au téléchargement oblige), les « Bringe », comme on les appelle, continuent leur carrière sur le net, où l'on peut désormais télécharger des succès du groupe revisités, tels « Yesteuday », « Micheulle », ou encore « Yelleuseubmarine ».

HAÏKUKU

Peu à peu
mes poumons
Se teignent
de brun –
Cigarillo mon ami

Gabardin Kyorokû

LA BONNE ADRESSE

Aux Biches à Sugnon-Rivonien

54, avenue des Loupiottes, Sugnon-Rivonien

Dans une ancienne fermette discrète, loin de toute habitation, Gisèle et Stella vous accueillent dans une salle d'un vert diaphane. Un feu de cheminée et des gravures d'odalisques au mur vous invitent à la relaxation. Gisèle, toute de piercings recouverte, vous proposera de la pêche champagnisée. Stella, véritable bloc de muscles, vous présentera la carte, un panneau en fonte d'un mètre carré qu'elle tient à bout de bras pendant votre lecture et votre choix. Durant le repas, tandis que Stella vous parle football ou Formule 1, Gisèle s'occupera de votre épouse. Un bon début de soirée, conseillé pour retrouver une femme en pleine forme.

Spécialités : gazon de laitue sur lit de frisée, pelouse de sole et son godelet de verdure, corolle de fruits frais, et coulis de menthe humide.

DIDIER WAMPAS

MINIST' DES TRANSPORTS DU DESSUS

Pour lutter contre l'engorgement des villes, Notre Minist' va mettre en place l'ambitieux plan Grolib qui permettra à chacun de conduire un bus ou un 38 tonnes.

CES DERNIERS MOIS, la question des transports a souvent été au cœur de la polémique au Groland : pollution, embouteillages, accidents dûs à une trop forte consommation d'alcool, coups de klaxon, queues de poisson. Pour tenter de trouver des solutions, Notre Président a confié le poste de Minist' des Transports du Dessus à Didier Wampas, chanteur rock au sein du groupe les Wampas, mais aussi employé de la RATGRO. « *J'ai une grande gratitude envers Notre Président, et je ne le décevrai pas. Il vient assez souvent à nos concerts, il monte souvent sur scène. La dernière fois il a passé presque tout le concert avec nous. On l'utilise parfois comme un décor, on le laisse faire. Notre Président est fan de rock, mais je sais que c'est pour mon savoir-faire dans le domaine des transports qu'il m'a choisi. De plus, je me transporte beaucoup moi-même : je pense donc être la bonne personne* », note Didier Wampas. Au centre du projet de Didier Wampas, le plan Grolib, que ce dernier nous détaille ici par le menu. « *Je compte mettre des camions, des bus et des trains en libre service dans tout le Groland. Avec l'abonnement Grolib, qui ne*

« Je lance le plan Grolib »

coûtera que 12 eugros par mois, chaque Grolandais pourra venir décrocher un véhicule de son choix et l'utiliser autant qu'il le souhaite. Je compte ainsi remplacer peu à peu la voiture.»

Vers une interdiction de l'essence

Avec Grolib, le Minist' des Transports du dessus entend insufler dans Notre Présipauté une nouvelle liberté de circuler, et développer l'aspect pratique des transports : « *Ainsi chacun pourra utiliser un train pour effectuer son déménagement, ou décrocher un 38 tonnes pour transporter ses poubelles ou se rendre à la déchetterie. Il sera également possible de conduire un bus pour emmener sa famille en vacances ou des amis en soirée* », poursuit Didier Wampas. Pour ce qui est de la pollution, Notre Minist' entend passer au solaire et tout simplement interdire l'essence. « *L'essence est devenue obsolète, j'ai donc tout simplement décidé de l'interdire. Tous les véhicules grolandais fonctionneront à l'énergie solaire. C'est un sacré pari. Forcément en hiver ça roulera moins vite, mais est-ce un mal?* »

Au sujet de l'épineuse question des embouteillages, véritable fléau à l'heure de l'apéritif, et notamment aux abords de Groville, Didier Wampas mise sur le laisser-faire, fidèle à la théorie de la « *main au cul invisible du trafic* » évoquée par l'économiste des transports grolandais Ariano Smith. « *Je pense que chacun se démerdera un petit peu, on ne peut pas non plus tout le temps être au cul des bagnoles* », explique le Minist', qui envisage simplement de placer des haut-parleurs géants au bord des routes « *pour y passer du rock à fond* », et ainsi faire patienter les automobilistes.

Jouin

Dredi	1	St Grabaton	
Sadi	2	Ste Grangrène	
Grom.	3	Ste Gribentine	
Lendi	4	St Groumieff	○
Môrdi	5	St Grudicar	
Credi	6	Ste Guibiline	
Joudi	7	Ste Guidoline	23
Dredi	8	St Guigrelin	
Sadi	9	St Guilagoin	
Grom.	10	St Guillermomo	
Lendi	11	Ste Guirlandine	◐
Môrdi	12	St Guribard	
Credi	13	Ste Guygluya	
Joudi	14	St Guyloulo	24
Dredi	15	St Guypalou	
Sadi	16	Ste Hassila	
Grom.	17	St Hectoli	
Lendi	18	Ste Héloulou	
Môrdi	19	Ste Henrinette	●
Credi	20	Fête de nos pères	
Joudi	21	Été	25
Dredi	22	Ste Humida	
Sadi	23	Ste Irline	
Grom.	24	Ste Isnette	
Lendi	25	Ste Itwer	
Môrdi	26	St Jadin	
Credi	27	Jamad	◑
Joudi	28	Ste Jamélounia	26
Dredi	29	St Jamir	
Sadi	30	St Jamssar	

Noces de Cana

C'***est le 2 jouin***, jour de la Sainte-Grangrène que le Groland se plie à l'une des rares traditions qui lui ait été inspirée par les écritures saintes, en l'occurrence la Bible. En 1330, le jour de la Sainte-Grangrène, Kevin Salengro, de la dynastie des Salengro, qui célébrait alors ses noces avec Thérèse Martin, pharmacienne, constata qu'il n'avait que des jarres d'eau réservées aux ablutions à servir à ses convives. Tel Jésus dans le *Nouveau Testament*, il disparut alors dans les écuries pour en ressortir avec soixante jarres de vin remplies jusqu'au bord.

Depuis lors, chaque 2 jouin, les familles grolandaises se rassemblent pour fêter les « Noces de Cana » à la mode de Notre Présipauté. L'homme le plus âgé de la famille saisit ainsi six bouteilles d'eau minérale posées sur la table de la cuisine et disparaît aux toilettes quelques instants pour en ressortir, sous les yeux ébahis des grands et des petits, avec soixante grosses bouteilles de vin que tous partagent alors autour d'un bon repas.

Fête
de nos pères

Fête
de la Musique

« Yes We Cana »

Les « Noces de Cana » commandent que l'on boive l'intégralité des soixante bouteilles et peuvent ainsi durer plusieurs jours (en moyenne trois ou quatre). C'est également lors de cette fête que les enfants goûtent leur premier verre de vin, et que ceux qui recrachent sont privés de dessert. Lors de sa récente visite à la Maison Blanche, le 2 jouin 2010, reçu par Barack Obama et sa femme, Notre Président insista pour que l'on y célèbre aussi les « Noces de Cana ». Après un petit détour dans les toilettes du bureau ovale, où il était parti muni de six cruches d'eau gazeuse, Christophe Salengro, lors d'un retour triomphal (les bras chargés de vin californien), prononça un « Yes We Cana » qui fait encore aujourd'hui piaffer de rire le numéro 1 américain et son épouse Michelle — et que les Grolandais reprennent désormais bien volontiers.

Groverbe

« C'est en vignant qu'on devient vigneron »

– Groverbe clavourien traditionnel –

L'astuce de Mamie Gribentine

FABRIQUER SA PROPRE CIRE À ÉPILER

POUR avoir la moustache, les aisselles et l'entrejambe comme il faut, et de préférence avant l'été, Mamie Gribentine vous propose de fabriquer votre propre cire à épiler. Les ingrédients sont assez simples : une cuillère à café de sucre, une cuillère à café de vin blanc, une cuillère à café de miel, et de la colle à bois ultra-fixante. On fait revenir l'ensemble à feu doux dans une casserole pendant une dizaine de minutes, on place cette pâte ainsi constituée sur les vilains poils, on laisse prendre pendant deux à trois minutes et on tire très fort. Et si jamais ça saigne un peu, on récupère pour faire du boudin. Merci Mamie Gribentine !

★★★ LA RECETTE ★★★

La Quiquemille

La Quiquemille est une spécialité de Flémir, l'une des plus petites villes du Groland-du-Bas. C'est en 1944, alors que les Allemands sont accueillis au Groland et que les tickets de rationnement sont le pain quotidien, comme on aimait à en plaisanter à l'époque, que Bigoudette Lemoine inventa la Quiquemille. Elle mit tout simplement les chaussettes sales de ses enfants et de son mari (celles qu'il mettait pour «*aller au champ*») à bouillir dans l'eau chaude, y ajoutant quelques restes de pain dur et de la Maïzena. Aujourd'hui, la Quiquemille s'est adaptée à l'époque, on y met du porc ou bien du veau, mais toujours des chaussettes.

FÊTE DE NOS PÈRES ET JOUR DU FANFARON

A*u Groland*, on a coutume d'appeler la Fête des pères « le jour du fanfaron ». À l'inverse de la mère, qui gronde souvent les enfants et serre un peu la vis, le papa lui sait s'amuser. Ainsi le 20 jouin, eh bien papa fait le guignolo comme tous les jours, mais en mieux : il part sur le coup de 11 heures prendre l'apéro et faire un petit tiercé, boit un coup avec les copains, va acheter des cigarettes, reboit un coup avec les copains, fait des blagues sur maman et ses « grosses fesses », rentre à la maison, s'endort devant une rediffusion de *Rick Hunter*, va reboire un apéro et refaire des blagues sur les « grosses fesses » de maman, puis rentre manger et regarder un peu la télé avant d'aller fumer des cigarettes au lit, et enfin pincer les « grosses fesses » de maman avant de dormir en ronflant et en grommelant le nom de la voisine pendant son sommeil. Bonne fête à tous les papas, bonne fête à tous les fanfarons.

LE CONSEIL JURIGRO

Éviter les frais de succession

VOTRE mère est morte (ça arrive souvent à l'approche de l'été), et votre père (ou vice et versa) est atteint d'une maladie incurable et quasiment rendu à l'état de légume. Vous allez hériter de sa maigre fortune qui sera, par dessus le marché, amputée par ces satanés frais de succession. Soyez malin, faites signer une procuration à votre parent avant qu'il ne parte dans un coma profond, puis graissez la patte du docteur et de l'infirmière régulièrement, pour qu'ils le maintiennent en vie de façon artificielle (on dit que le personnel de l'hôpital de Mufflins est assez conciliant). Vous aurez ensuite tout le loisir d'aller vider le compte du malade. Pensez à le faire débrancher une fois son argent dépensé, on ne sait jamais.
Plus d'infos sur :
www.jurigro.gro

FÊTE DE LA MUSIQUE ET VITE, VITE, VACANCIATION

C'***est le premier jour de l'été***, le début de la vacanciation pour tous les élèves du Groland (même ceux qui redoublent) et c'est en même temps la Fête de la Musique. Comme il fait beau, ça tombe bien, tous les musiciens du Groland sortent leurs instruments et vont jouer des petits airs dehors. Le chanteur obligatoire Michel Sardouille donnera ainsi un grand concert gratuit dans le parc aux Buffles du Palais Présidentiel (20 h 30), mais d'autres performances sont prévues un peu partout. Le DJ David Garetta passera des disques en slip à la piscine de Poulniat (23 h), alors que le couple de chanteurs aveugles du Mali, Mamadou et Marie Myriam, se produira lui dans le noir (à la demande du duo, *« pour que tout le monde soit dans l'égalité »*) au bowling de Prémois, dans le Groland-du-Bas. À prévoir aussi le groupe de jeunes trouducs qui joue Noir Désir en bas de chez vous, et contre lequel l'huile bouillante est toujours un excellent remède.

CONSEIL JARDINAGE

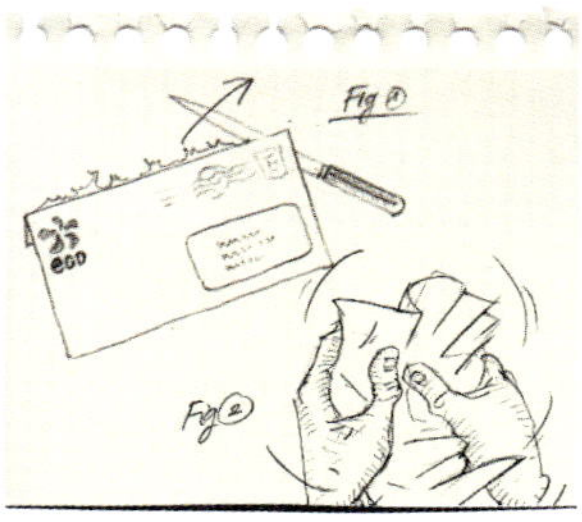

Des graines de bonne facture

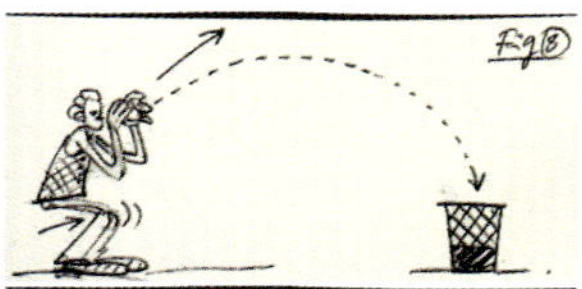

ON LE SAIT, les graines ont parfois une espérance de vie très limitée. Alors pour les préserver, Beurnion Guépratte, de Prouviot-la-Foire, nous propose de les conserver dans des enveloppes. Mais attention, pas n'importe lesquelles : en priorité des enveloppes ayant contenu des factures d'électricité, de gaz, ou de téléphone. *« J'ai essayé une fois dans des enveloppes de relance d'huissier ou de crédit à la consommation, et ça marchait vraiment moins bien »*, confie Beurnion. Encore une bonne raison de renoncer aux virements automatiques.

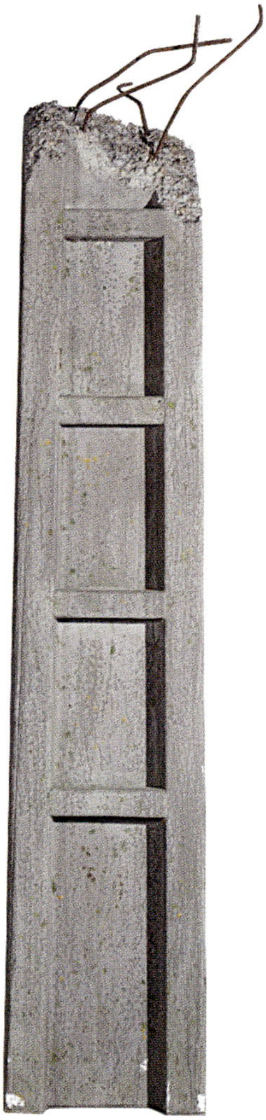

HAÏKUKU

Juste devant moi
Foufouna se devêt –
Elle est un homme

Aldepicon Rioshi

LE NUMÉRO UTILE

PARFOIS, l'on peut devenir fou rien qu'à cause d'une petite mouche : fou à bousculer les meubles au risque de se faire mal jusqu'aux petits doigts de pied, et ça fait très mal, ou même à renverser son enfant handicapé. Pour éviter ça, il suffit désormais de composer le 217 217 Allô ! Tapette pour recevoir l'aide de professionnels qui viennent à domicile régler le compte des insectes qui vous pourrissent une journée, ou pire : une vie. Les professionnels d'Allô ! Tapette garantissent également le nettoyage instantané de l'endroit où qu'on aura éclaté la mouche (vitres, murs, plafond). Valable aussi pour les blattes, les abeilles et les frelons (avec un supplément).

LE SAVIEZ-VOUS ?

Plomboire, capitale du poteau

Longtemps mise sous l'éteignoir par la ville voisine de Valangeoire (spécialisée dans la poutre), la commune de Plomboire dans le Groland-du-Bas est parvenue à s'imposer comme « capitale du poteau ». C'est Jacky Salmandin, un jeune entrepreneur qui a sonné la révolte plomboirienne à la fin des années 1990, en créant dans sa ville un « salon du poteau » alors même que Valangeoire disposait de son « salon de la poutre ». Dix ans plus tard, le poteau de Plomboire s'exporte dans le monde entier et fait le dynamisme d'une ville qui pense et vit poteau, avec quinze entreprises spécialisées dans le domaine.

MINIST' DE GRORTF ET DES TÉLÉCOMMUNICATIONS

2012 verra le retour à une seule chaîne de télévision au Groland. Une vision d'avenir de Notre Minist'.

PLUS QUE circonspect devant la prolifération des chaînes de télévision depuis l'avènement du numérique, Notre Président a choisi de faire appel à un poids lourd des médias, Alain de Greef, ex-directeur des programmes de la chaîne cryptée française Canal +, à qui il a confié le poste de Minist' de GRORTF et des télécommunications. « *Je vais essayer d'être à la hauteur de cet honneur et de la confiance que me témoigne le plus haut représentant du Groland en le servant au maximum de mes possibilités. Je reste inspiré par Étienne Mougeotte dans son travail et je me tiendrai aussi proche que possible de mon modèle* », indique par ailleurs Alain de Greef.

Notre Minist' se positionne ainsi très clairement contre la multiplication récente des chaînes qui a suivi le passage au numérique. « *Je ne vois pas trop l'utilité de plusieurs chaînes, il me semble qu'une c'est déjà beaucoup. Deux chaînes ? Pour parfaire le divertissement cher au cœur des Grolandais, à la limite. Mais franchement, des bouquets satellites qui entraînent la perversion, je ne vois pas l'intérêt. 2012 marquera le retour à une chaîne, nous verrons en*

« Une chaîne, c'est bien suffisant »

2013 pour la seconde. Je veux que tout le monde soit tourné vers le même spectacle. C'est une façon de rapprocher les Grolandais», estime Notre Minist'.

« Francis Kuntz, un exemple pour la jeunesse »

« Je souhaite en parler avec lui, mais il me semble qu'il faudrait que Notre Président soit plus présent sur GRO1. J'imagine assez bien une causerie au coin du feu, tous les week-ends, quelque chose qui mettrait du baume au cœur du pays. Je crois qu'il faut rester très simple, je l'imagine très bien à côté de la grande cheminée du château avec des intervieweurs soutenant tous sa cause.»

Au cheval de bataille de Notre Minist' : la tenue des journalistes grolandais. Alain de Greef s'est fendu d'une douce mise en garde à ce sujet. *« Dans l'ensemble, les journalistes sont assez respectueux de Notre Président, mais il y a, de temps en temps, quelques bavures. Il faudra que ça cesse.»* Interrogé sur le cas précis du grand reporter Michael Kael, Alain de Greef n'a pas fait preuve de langue de bois. *« Il y a manifestement parfois un peu d'abus de la dive bouteille, qui l'entraîne parfois à être légèrement inconséquent. Il faudrait simplement qu'il redresse un peu sa conduite personnelle, et qu'il prenne modèle sur Notre Président qui, à cet égard, est absolument sans tache de vin rouge sur la nappe.»* Francis Kuntz, lui, est qualifié d'*« absolument irréprochable, c'est un exemple pour tous les journalistes, et même pour la jeunesse»*.

Sur la question de la télé-réalité, qui a récemment agité Notre Présipauté, Alain de Greef s'est montré plutôt rassurant : *« Nous en avons parlé avec Christophe Salengro, et il ne serait pas contre l'idée de tester une expérience dans laquelle on le suivrait dans son travail, ses déplacements et ses soirées. C'est un projet qui pourrait aboutir. Mais pas avant 2013-2014. De toute façon, nous avons tout le temps devant nous puisque Notre Président est fort heureusement élu à vie»*, conclut le Minist', qui exclut évidemment, tout autre sujet que Notre Président pour nourrir les programmes de GRO1.

LES HAUTS LIEUX DE NOTRE PRÉSIPAUTÉ

Mufflins

Le CCEM (Centre culturel et d'études métaphysiques)

Jouillé

Grom.	1	St Jaquin	
Lendi	2	St Jean-Crétar	
Môrdi	3	St Jeandejean	○
Credi	4	St Jean-Guidon	
Joudi	5	St Jeanjaja	27
Dredi	6	St Jeanjean	
Sadi	7	St Jeanlelan	
Grom.	8	St Jean-Mile	
Lendi	9	St Jeanoglute	
Môrdi	10	St Jean-Pignel	
Credi	11	St Jean-Pillopillou	◐
Joudi	12	St Jean-Pitin	28
Dredi	13	St Jean-Siblin	
Sadi	14	Ste Jeanmaire	
Grom.	15	St Jéroboam	
Lendi	16	St Jéromio	
Môrdi	17	St Jeurate-Lui	
Credi	18	St Jiji	
Joudi	19	St Jipé	● 29
Dredi	20	St Joss	
Sadi	21	St Joulanlouis	
Grom.	22	Ste Joulenjeannette	
Lendi	23	St Joululu	
Môrdi	24	St Jules-Édouard	
Credi	25	Ste Juruldine	
Joudi	26	St Killer	◑ 30
Dredi	27	Ste Kokika	
Sadi	28	Ste Levrine	
Grom.	29	St Liktou	
Lendi	30	Ste Lilane	
Môrdi	31	Ste Lindsay	

Jeux Grolympiques

Alors que le monde entier a les yeux rivés sur Londres, où les Jeux Olympiques se déroulent du 27 jouillé au 12 oût, les Jeux du Groland s'organisent eux cette année à La Louvette, dans le Groland-de-l'Autre-Côté, et ce dans la plus grande simplicité. Pas de flonflons, pas de cérémonie d'ouverture avec des kangourous qui dansent et Freddy Mercury qui hurle. Les Jeux Olympiques grolandais, c'est trois jours de sport dans son état brut, pas le règne des sponsors et des médias. C'est des concurrents qui viennent de toute Notre Présipauté avec l'espoir de repartir médaillés, et au pire en ayant partagé un verre, voire une bouteille de vin. Car comme disait Pierre de Grobertin, qui organisa les premiers Jeux Grolandais en 1912 à Groville, « *l'essentiel, c'est de boire un coup* ».

Démonstration de 110 mètres perche

Cette année, à La Louvette, on retrouvera à nouveau les douze disciplines majeures qui font le sel des J.O. de Notre Présipauté : le ski sur route, la Brindillette au mètre (et son ténor Guilagoin Fouchille), la serpillère artistique, le pistolet de précision, le lancer de fémur de majorette, le golf à mulot, le casking (ce sport qui fait fureur et qui consiste à marcher sur 6 kilomètres de piste casquable), le saut de fauteuil en chaussons, le jokari grolandais bien sûr, mais aussi le tir au clown de nuit, la tique, et enfin la boule à vak, dont la grande championne Carmelilelen Bouitaline pourra remporter un sixième titre consécutif.

C'est Notre Président, Christophe Salengro, qui comme chaque année viendra « cul nu » ainsi qu'il aime à le dire lui-même, et vêtu de sa seule banderole, pour une démonstration de 110 mètres perche. Il remettra ensuite les médailles aux vainqueurs et des bouteilles de vin aux autres. Que le meilleur gagne !

Tour
cycliste
du Groland

Fête de
la Brindillette

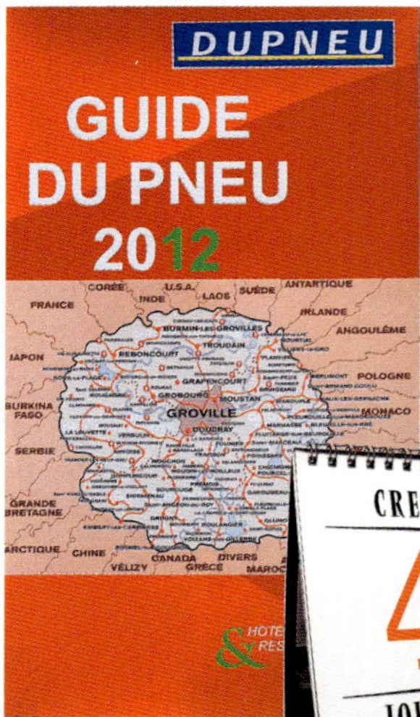

TOUR CYCLISTE DU GROLAND

L*e Tour du Groland*, qui fête cette année sa 78e édition, c'est l'occasion de redécouvrir la beauté des paysages de Notre Présipauté. En effet, de Faquet-le-Breu où le départ sera donné par un unijambiste (comme l'exige la tradition), jusqu'à Groville où Notre Président Christophe Salengro peindra le vainqueur en jaune, c'est la beauté et la multitude des terroirs que cette course cycliste traversera encore une fois (filmée par les caméras de GRO1). Course cycliste dont on connaît l'issue probable, puisqu'il faut rappeler que le Tour du Groland a la particularité de ne présenter qu'une étape et un seul concurrent, qui sera cette année encore Jéromio Pignon, dit la « Jeannie Longo de Blunion-la-Bédoule ». Avec 36 participations consécutives, le coureur phare de Notre Présipauté, encore seul au départ cette année, a en effet plus que de fortes chances de l'emporter — et de finir peint en jaune, donc.

L'ANIMAL REMARQUABLE

Les chimpanzés de Pégoumais

QUI a dit qu'il n'y avait pas de chimpanzé au Groland ? Bien au contraire, à Pégoumais vit une espèce de chimpanzé vraiment étonnante. Encore plus proches de l'être humain que leurs collègues anthropoïdes d'Afrique, ces sympathiques singes ont en effet presque des têtes d'homme (l'un d'eux ressemble étonnamment à Brad Pitt), portent des chaussures et des vêtements (des salopettes surtout), se font des raies à gauche, des permanentes, portent du gel, et organisent chaque année un grand tournoi de Scrabble dont ils sortent presque à chaque fois vainqueurs.

Groverbe

« Tente au camping, voiture au parking »

– Almar Trigano, vacancier grolandais du XXIe siècle –

L'INVENTION

Le sac à chien jetable

Fatigué de devoir ramasser les crottes de son yorkshire Mumusse lors de ses trois promenades quotidiennes, Frangipul Bassin, un retraité de Six-Fronts, a inventé le sac à chien jetable. Plutôt que de trimballer avec lui des cornets en plastique et du papier journal pour enlever du sol les déjections de son compagnon Wouf, Frangipul Bassin a eu l'idée de le placer directement dans un grand sac en plastique (dit «sac poubelle») et de le trimballer à l'intérieur pour le jeter ensuite et passer Mumusse au jet d'eau. Après avoir commercialisé son idée en VPC, Frangipul Bassin songe à ouvrir le premier magasin de sac à chiens jetable du Groland, à Six-Fronts, évidemment.

LE MONDE DES ASSOS

Le Chamitchou club de Groville

C'EST sous l'impulsion de Killer Dupuis dit « Tatane » (fondateur de ce club qui rassemble aujourd'hui plus de 300 personnes à Groville) que plusieurs représentants de la communauté homosexuelle grolandaise ont décidé d'adapter à leur sauce ce sport de combat israélien qu'est le krav maga pour en faire une technique de défense hyper efficace : le Chamitchou. « *Le Chamitchou, c'est du coup de boule, des coups de pied là où je pense, des clés de bras mais toujours avec style, et un art de l'esquive inspiré par la danse contemporaine. Tout ça pour montrer que c'est pas parce qu'on est des pédés qu'on est des mauviettes* », confie Killer Dupuis.

HAÏKUKU

Près du cerisier
du Japon
Un vieillard
sommeille —
Il est peut-être
mort

Giremberton Saku

LA POSITION DU MOIS

Accoudé contre rien

À VAUX-LES-BERNACHE, il existe un bar où le sport le dispute à l'apéritif. Sodomichel Pouplin, le patron du Bar Asymétrique, a en effet réussi à convaincre ses clients qu'un brin de condition physique n'était pas incompatible avec la détente. Ainsi les a-t-il convaincus de travailler leurs abdominaux pour parvenir à se tenir accoudés sans même qu'il existe un comptoir. Il n'est dès lors pas rare, à l'heure des premières prises d'alcool, de rencontrer, chez le « Père Pouplin » des gens penchés à 30 degrés dégustant un verre de gentiane.

COTÉ JARDIN

Les haricots Bernard Hinault

FAIRE « monter » les haricots n'est pas toujours une partie de plaisir. Mais du côté de Chamburne-en-Basses-en-Bouille, on a semble-t-il trouvé une solution pour « doper » la production. En partenariat avec l'association cycliste locale, les amateurs de jardinage récupèrent des roues de vélo qu'ils fixent sur une perche enfoncée dans le sol. Il est ensuite nécessaire de tendre quelques cordes entre les rayons et le sol pour aider les haricots à grimper tout du long. Et ça marche ! Depuis, les haricots locaux, surnommés les « Bernard Hinault » sur tous les marchés du Groland, sortent tous de terre avec un petit maillot jaune qui fait leur charme.

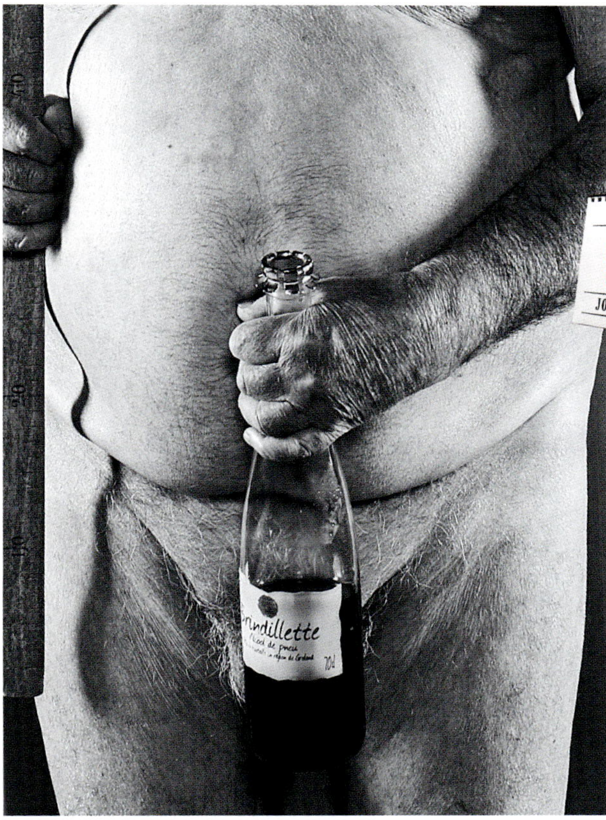

FÊTE DE LA BRINDILLETTE

À ***Saint-Transy***, comme tous les 9 jouillé, c'est la Fête de la Brindillette dans le Groland-de-Côté. C'est en effet le jour de la Saint-Jeanoglute, en hommage à Jeanoglute Griffon, enfant du pays et inventeur de cette eau de vie de pneu (qui compte sept pneus par litre) que le monde entier envie au Groland, et qui s'exporte jusqu'en Amérique, que se déroule cette grande journée où « *l'amitié, la ripaille et la bibine ne sont justement pas un frein* », comme le précisait encore l'an passé avec humour Plution Griffon (héritier de Jeannot, décédé il y a trois ans à l'âge de 93 ans). C'est à la Brindilletterie, un restaurant dont les spécialités se cuisinent avec l'alcool local que les premières dégustations du cru 2012 et les festivités se dérouleront, en espérant que la fiesta ne dégénère pas en pugilat, comme ce fut le cas l'an passé après qu'un importun eut déclaré : « *Cette année encore, elle a un arrière-goût de plaquette de frein.* »

QUE SONT-ILS DEVENUS ?

Milou Pissard imbattable champion du monde de ricochets à la viande

ORIGINAIRE de Grégoire-le-Vigileant, une petite bourgade située à 5 888 kilomètres de New York, Milou Pissard reste depuis une décennie l'indéboulonnable champion du monde de ricochets à la viande. Après s'être entraîné pendant de longues années sur les berges de l'Étang des suicidés, situé aux abords de cette commune du Groland-du-Bas, le seul être humain à pouvoir lancer des steaks dans l'étang en les faisant rebondir dix-sept fois sur l'eau remet en jeu sa couronne le 17 jouillé dans son fief, sur la thématique du jarret de porc et face à des spécialistes hongrois de la discipline. Allez champion !

BERTRAND GILLE

MINIST' DÉLÉGUÉ À LA LUTTE CONTRE LA TRANSPIRATION

Lourdes amendes infligées aux porteurs d'auréoles, suppression de l'effort physique... Telles sont les principales mesures engagées par Notre Minist' pour éradiquer la transpiration au Groland.

C'**EST NOTRE PRÉSIDENT** Christophe Salengro lui-même qui a donné le ton : « *Il faut en finir avec la transpiration au Groland* ». Pour mener à bien son projet, Notre Président a décidé de confier le poste de Minist' délégué à la lutte contre la transpiration au handballeur français champion du monde, Bertrand Gille, qu'il a convaincu de transmettre son savoir-faire à Notre Présipauté.

Dès sa nomination, le nouveau Minist' n'a pas caché sa gratitude envers Notre Président, tout en faisant montre de sa motivation extrême. « *Je suis très honoré d'avoir été chargé de la lutte contre la Transpiration. C'est avec une immense fierté que j'accepte ma fonction, je vais faire en sorte que les Grolandais ne transpirent plus et qu'ils sentent tous bon, même si la tâche s'annonce rude.* »

Afin d'obtenir des résultats immédiats, le Minist' a choisi de donner une tonalité assez répressive à ses premières mesures. « *Je prévois la mise en place de pénalités pour les gens qui transpirent. La première amende anti-sudation sera fixée à 500 eugros, je pense que cela devrait être assez dissuasif. J'espère aussi*

« Objectif transpiration zéro »

convaincre Notre Président de dégager le budget nécessaire pour former une police spéciale qui viendra inspecter les dessous de bras des Grolandais jusque chez eux. Le port du t-shirt gris chiné va également devenir obligatoire au Groland, c'est après tout l'un des meilleurs révélateurs de transpiration. Avec lui, impossible de masquer les auréoles», explique Bertrand Gille, déterminé. Le Minist' mise aussi sur *« la vieillesse de nos ressortissants, qui peut être une force. Les vieux transpirent moins que les jeunes, qui ne font parfois aucun effort. Il ne fait aucun doute que mon action sera dirigée contre les jeunes»*. Avant d'ajouter : *« Le mieux serait de transformer les jeunes en vieux. Devenir vieux, au moins dans sa tête, est une bonne façon de mettre fin à la transpiration. Je vais travailler dans ce sens.»*

Mise en place de climatiseurs à ciel ouvert

Bertrand Gille prévoit également de s'attaquer en profondeur à l'effort physique, principal vecteur de transpiration : *« Tout effort physique doit être proscrit, et j'inclus le sexe dans cette mesure : il faudra inventer des versions soft, je crois que la masturbation est une bonne solution pour venir à bout de ce fléau qu'est la transpiration.»* Autre mesure, le plan TranspiGro, que le Minist' entend mettre en place dans les régions à risques, en particulier dans le Groland-du-Bas. *« Un plan coûteux, qui prévoit la mise en place de ventilateurs géants et de climatisations à ciel ouvert»*, mais Bertrand Gille sait qu'il peut compter sur le soutien indéfectible de Notre Président : *« Mon objectif, comme celui de Christophe Salengro, c'est la transpiration zéro, et je sais que je peux compter sur lui pour mouiller le maillot dans ce sens»*, conclut le Minist', non sans une pointe d'humour.

Oût

Credi	1	Ste Lisimba	
Joudi	2	Ste Lougouta	○ 31
Dredi	3	Ste Loulouire	
Sadi	4	St Lupiradien	
Grom.	5	St Lutignien	
Lendi	6	St Machouillire	
Môrdi	7	Ste Madelette	
Credi	8	St Madmouadère	
Joudi	9	Ste Madonnasse	◐ 32
Dredi	10	Ste Magdeleine	
Sadi	11	Ste Malaline	
Grom.	12	Ste Maleudrapette	
Lendi	13	St Malo	
Môrdi	14	St Manchiolle	
Credi	15	St Mandou	
Joudi	16	Ste Manique	33
Dredi	17	St Marak	●
Sadi	18	St Maraval	
Grom.	19	Ste Marbine	
Lendi	20	St Marçave	
Môrdi	21	St Marcelard	
Credi	22	Ste Marilavonne	
Joudi	23	Ste Marimiryam	34
Dredi	24	Ste Marmuline	◑
Sadi	25	St Maximilien	
Grom.	26	St Maximo	
Lendi	27	Ste Mélandine	
Môrdi	28	Ste Mémère	
Credi	29	Ste Meulina	
Joudi	30	St Michael	35
Dredi	31	Ste Michanette	○

Le retour d'InterGro

Il fait beau, il fait chaud et GRO1, pour le plus grand plaisir de nous, les téléspectateurs, reprend tout au long du mois d'oût la diffusion estivale de l'émission préférée des Grolandais : « InterGro ». Présenté par l'inénarrable Jules-Édouard Moustic et une bonasse (sous-réserve), InterGro prévoit des joutes télévisées entres plusieurs communes de Notre Présipauté, qui représenteront avec fierté leurs forces vives. Comme à l'habitude, c'est sous le signe du sport et de la détente (si tout va bien) que les diverses épreuves ont été concoctées par les producteurs. On découvrira cette année, parmi les nouveautés, le lancer de pare-chocs, la course en tongs, le jeté de melon ou encore le saut à l'étalage. Comme chaque année, le concours de flatulences (remporté l'an passé par Jipé Moissard de Palambier, dit « Napalmos ») et le lâcher de musaraignes géantes qui devraient aussi régaler les téléspectateurs.

Journée
anti-portable

Reprise
des essais
de la bombe
à franges

La course en sac d'aspirateur s'annonce épique

Mais le clou du spectacle d'InterGro 2012 sera sans aucun doute la revanche très attendue de la confrontation qui opposa l'an passé les villes de Grogran-les-Bains (Groland-de-Côté) et Roux-la-Plage (Groland-de-l'Autre-Côté). En 2011, en effet, la rencontre entre les deux communes, se déroulant à Grogran, s'était soldée par une rixe générale (douze blessés) faisant suite à une accusation de tricherie lancée par les Rouquins à l'encontre des Groganais. Les Groganais auraient en effet badigeonné la corde des Rouquins de gel douche et de saindoux dans la fameuse épreuve de la « montée de la corde sans slip ».

Nul doute que les Rouquins (qui accueillent cette année la confrontation dans leur fief, autour du gymnase central Brice-Hortefeux) auront à cœur de prendre leur revanche, et tout particulièrement lors d'une épreuve de « course en sac d'aspirateur » qui s'annonce déjà plus qu'épique.

HAÏKUKU

Le déambulateur tombe
Son propriétaire avec lui –
Qui les relèvera ?

Mandou Mizoshi

CÔTÉ JARDIN

Les limaces mises en bière

« TU *reprendras bien une mousse ?* » C'est ce que dit Ambroise Culleron à chacune des limaces qu'il récupère clabotée contre les murets de son jardin. Pour se débarrasser de ces encombrants gastéropodes sans coquille, cet habitant de Gromette-en-Gleu a son truc à lui : déverser les restes de vieux fûts de bière La Grolandaise qu'il récupère auprès de son frère Jadin, patron du Bar des Sports de la commune. Et ça marche ! « *Rien qu'avec une pinte, je tue 60 limaces d'un coup* », raconte-t-il dans un grand éclat de rire.

Les branchés descendent sur Poulniat

Oubliez New York, oubliez Londres, oubliez Berlin ! C'est désormais à Poulniat (Groland-de-Côté), une bourgade d'à peine 500 habitants – jusqu'ici réputée pour son fromage aux mycoses – que se ruent les branchés. Tout est parti l'an dernier de la grange du père Lafoin, où le disc-jockey David Garetta s'est installé en « résidence ». Depuis, tout ce que le monde compte de gens de la nuit « descend en oût sur Poulniat » pour « faire la teuf » et « se la coller », sous le regard ébahi des riverains et des vaches. Cathy Garetta, la femme du nouveau« DJ » vedette, accueillera cette année encore ses amis « in » dans la grange du Père Lafoin, rebaptisée *L'Atomique Guinguette*, où il sera toujours « cool » de rapporter sa sangria.

JOURNÉE ANTI-PORTABLE

Parce qu'il est insupportable d'entendre sempiternellement quelqu'un dire dans son engin « *Ouais, t'es où ?* », ou parce qu'il n'est pas poli de téléphoner à la caisse d'un supermarché pour demander « *Y'a encore du papier à la maison ?* », ou encore tout simplement parce que ça fait mal à la tête toutes ces ondes qu'on ne sait pas d'où elles viennent, le ministère de la santé grolandais a décidé d'organiser une journée anti-portable. Ainsi, les Grolandais de tous âges sont-ils invités à uriner sur tout téléphoneur intempestif ou bien à lui glisser un rat mort dans le col afin de l'aider à... décrocher de son mobile.

Cette année encore, c'est le journaliste Francis Kuntz, bien connu pour son engagement anti-portable, qui parrainera cette journée dont le nouveau slogan sera : « *Allô! ta gueule.* »

L'astuce de Mamie Gribentine

OUVRIR UN BOCAL À CORNICHONS SANS PROBLÈME

QUI a jamais ouvert un bocal à cornichons sans problème ? On tire fort sur la languette ? On essaie avec un couteau au risque de se couper la main, voire le bras, ou même la jambe ? Et pis on le jette contre le mur, et voilà ! Fini tout ça grâce à Mamie Gribentine, qui a son propre truc. Plutôt que de forcer, il suffit, grâce à une perceuse, de faire un trou en bas du pot et de récupérer le contenu dans une petite bassine en plastique. On peut ensuite conserver le pot et l'utiliser pour des confitures en le rebouchant avec une tête de canari mort. Merci Mamie Gribentine !

Groverbe

« Qui pine en oût, accouche en mörs »

- Catchougnac Pollonion, gynécologue grolandais du XVIIIe siècle -

REPRISE DES ESSAIS DE LA BOMBE À FRANGES

O***n se souvient*** de la polémique et des critiques désobligeantes de la part de certains journalistes qu'avaient déclenchées les premiers tests de la bombe à franges dans l'atoll de Coufouë. D'un type révolutionnaire, cette bombe est pourtant capable d'humilier un million de personnes dans un rayon de 30 kilomètres en les maculant de franges orange. Malgré les critiques et *« devant le péril chinois et surtout parce que les Arabes commencent à nous foutre la trouille»*, Christophe Salengro, Notre Président, a courageusement décidé de reprendre ces essais à partir du 17 oût, toujours dans l'atoll de Coufouë. Pour éviter les désagréments, les locaux seront équipés de vestes à franges de type country qui leur permettront de se prémunir du ridicule.

L'ANIMAL REMARQUABLE

Le monstre du loch Ness de Maroufle

ON CROYAIT que le monstre du loch Ness n'existait qu'en Écosse. Eh bien pas du tout : du côté de Maroufle, dans le Groland-de-Côté, les habitants ont pris l'habitude de croiser un animal plutôt inhabituel, mi-truite mi-rat, qui porte le kilt et joue d'un étrange instrument qui sonne comme une cornemuse. Effrayant, mais au final totalement inoffensif, cette bête que l'on surnomme « *Le monstre du loch Ness de Maroufle* » et qu'on dit dépressive est devenue une curiosité locale. Des experts du monde entier viennent le prendre en photo contre un grand verre de Glennfiddich.

★★★ LA RECETTE ★★★

Les oreilles de porc à la Van Gogh

C'est à Davreville, où le peintre hollandais aurait séjourné et peint, dit-on, lors de ses pérégrinations grolandaises, qu'on a cuisiné pour la première fois des oreilles de porc à la Van Gogh. Pour cela, il suffit de prendre un petit porc et de lui trancher les deux oreilles à vif, pour ensuite les faire revenir dans un jus de gouache aux trois couleurs (cyan, carmin et jaune). Le tout se sert avec des endives marinées au jus de pinceau et aux herbes, de préférence le 28 oût, jour de la Sainte-Mémère, fort aimée du peintre néerlandais.

LA BONNE ADRESSE

Au Moulin à Thignalin-sur-Goumiole

■ *73, passage du Grain à Moudre, Thignalin-sur-Goumiole (chambres à l'après-midi).*

Le rendez-vous incontournable du patron désirant travailler en compagnie de sa secrétaire loin des tracas quotidiens du bureau. Attention, cet hôtel-restaurant rustique cache dans ses chambres (surtout la 2806) tout ce que le monde moderne a de plus enviable : un lecteur DVD qui permet de regarder des films à deux, une connexion internet pour consulter les sites les plus intéressants, un fax dont on ne comprend pas l'utilité, une théorie de miroirs et une paire de menottes pour votre secrétaire si l'envie lui venait de tapoter sur son ordinateur portable en pleine nuit. N'oubliez cependant pas d'aller déjeuner ou dîner dans la très coquette salle à manger. **Spécialités :** pâté de lièvre au gingembre, faisan au bois bandé et au piment d'Espelette, salade de fruits frais au Viagra.

LE GOUVERNEMENT À L'ACTION

CHRISTOPHE MIOSSEC

MINIST' DES ISLES COUFOUË ET DES RELATIONS GROLANDO-BRETONNES

Intense année diplomatique en vue pour Notre Minist' qui doit faire digérer à l'opinion la reprise des essais de la bombe à frange.

C'EST PARCE QU'IL A *« toujours vécu au bout des terres »* et qu'il n'a pas peur *« d'aller voir au bout du monde s'il y est »* que Notre Président a choisi de faire appel à Christophe Miossec pour diriger le Ministère des Isles Coufouë et des relations grolando-bretonnes.

« Je remercie Christophe Salengro d'avoir pensé à moi pour ce poste éminemment stratégique. Je sais que le cas des Isles Coufouë, le fleuron de l'outre-mer Grolandais, est particulièrement sensible au regard du dénuement dans lequel vivent nos compatriotes, qui n'ont parfois même pas de quoi se payer un slip. Quant à la Bretagne, je sais qu'il faut faire oublier ce triste incident survenu en 2009 (NDLR : la bagarre de Notre Président avec le gros Gwendal, le Barman du Blind Piper, situé rue de Siam à Brest)*, mais j'ai des connexions qui peuvent s'avérer décisives* (le gros Gwendal, justement)*. »*

Au cœur du mandat de Christophe Miossec, la reprises des essais de la bombe à franges dans l'atoll de Coufouë en 2012, qui fait polémique dans les milieux écologistes anti-country. *« Je sais que les premiers tests de la bombe à franges avaient créé une vaste polémique*

« La frange ne doit plus être taboue »

à l'époque. Notre Président est conscient de la puissance de cette arme, capable de propulser des franges oranges sur plusieurs milliers de personnes, à 30 kilomètres à la ronde. Voilà pourquoi il m'a demandé d'acheminer par bateau, en prévision de la reprise des essais le 7 octob', plusieurs cargaisons de vestes à franges de type country pour préparer les populations», note Christophe Miossec, lui-même vêtu d'une veste western lors de sa prise de fonctions. « *Je me rendrai personnellement sur l'atoll de Coufouë en compagnie de Dick Rivers, qui s'adressera aux habitants avant de donner un mini-concert. Il est important que la frange ne soit plus taboue, et peut-être même pourrons-nous en profiter pour gagner sur la question de la banane à la brillantine, forcément liée.* »

Un sommet grolando-breton prévu fin 2012

Pour ce qui est de la restauration des relations grolando-bretonnes, Christophe Miossec préfère prendre son temps. « *Je sais qu'un malentendu est à l'origine des tensions entre les deux peuples. J'en ai parlé à Notre Président, je vais en toucher deux mots au gros Gwendal. Je ne sais pas ce qui s'est passé ce soir-là à Brest, rue de Siam, mais personne n'était dans son état normal, visiblement. J'ai entendu parler d'une truite déjà écaillée, d'un pistolet à eau, d'un sachet de poppers de marque allemande, d'un mouton, d'une paire de bas argentés et d'un samovar* », explique Christophe Miossec avec bienveillance. « *Je vais mener mon enquête, je connais les qualités de Notre Président, et je sais que le gros Gwendal, malgré toute l'affection que j'ai pour lui, n'est pas un ange.* » La « question du gros Gwendal », comme on dit dans les journaux grolandais, se devra d'être tranchée avant le prochain sommet grolando-breton que le Minist' compte organiser fin 2012 à Loch-Maria-Plouzané, sur le thème « *blé-noir-saucisse et bières à ouverture manuelle* ».

Septemb'

Sadi	1	St Michard	
Grom.	2	St Michelebert	
Lendi	3	St Michouchi	
Môrdi	4	Ste Michtampolle	
Credi	5	St Michtou	
Joudi	6	Ste Mikalel	36
Dredi	7	St Milachel	
Sadi	8	St Milmichel	◐
Grom.	9	St Miquélonio	
Lendi	10	St Mirnieu	
Môrdi	11	Ste Misfute	
Credi	12	Ste Mitanfière	
Joudi	13	St Mitatuc	37
Dredi	14	St Mixel	
Sadi	15	St Mobilo	
Grom.	16	Ste Modjadja	●
Lendi	17	St Mouchdi	
Môrdi	18	St Mourmoule	
Credi	19	St Myrladion	
Joudi	20	Ste Natatiche	38
Dredi	21	Ste Nectarine	
Sadi	22	Ste Nénesse	◑
Grom.	23	Automne	
Lendi	24	St Nénono	
Môrdi	25	St Nibomo	
Credi	26	St Nicolin	
Joudi	27	St Nougatin	39
Dredi	28	St Nourtouf	
Sadi	29	Ste Nweka	
Grom.	30	St Octave	○

Grotech

Groland est à l'heure numérique et c'est Notre Président en personne qui ouvrira le premier salon Grotech organisé à la Salle omnisports de Mufflins en coupant symboliquement un ruban de machine à écrire. Décidé à « *mettre le Groland à l'heure de la souris*», celui-ci visitera les 56 mètres carrés d'exposition, se connectera à internet tout seul, créera son compte Grotter (@notrepresident) et rencontrera pendant une demi-heure Jean-Mile Gate, fondateur de Migrosoft, qui vient de mettre au point le GroPad 2, un petit bijou de technologie qui permet de se connecter à l'internet de Pleurouille à Lochillon et que l'on peut aussi utiliser comme sous-bock, plie-linge, planche à découper, écrase-mouche ou encore presse-papier. Livré avec une application permettant de suivre au jour le jour la vie de la Présipauté, et regroupant des photos de ses objets fétiches (un feutre Borsalino coupé par une pale d'hélicoptère, une boîte pleine de ses ongles de pieds ou encore sa robe tachée par son propre sperme).

Rentrée
des classes

Début
des vendanges

L'appli «pistoche» à découvrir

À ne pas manquer non plus, la conférence de presse fort attendue de Marçave Grockerbourgue, inventeur du réseau social Grobook qui fait aujourd'hui une sévère concurrence à Facebook. Plus de 789 personnes sont aujourd'hui connectées à Grobook. Elles peuvent désormais « chatter » en toute liberté grâce au logiciel « podyaourt », qui permet de communiquer à distance via des pots de yaourt. Grobook prévoit également, via une application appelée « pistoche », de se connecter aux bases de données des différentes piscines municipales grolandaises : les utilisateurs pourront ainsi s'échanger librement des informations sur les horaires d'ouverture, les obligations de porter des bonnets de bain ou encore sur les taux de chlore en vigueur dans les bassins de Notre Présipauté.

GROMANCHE 2 SEPTEMB'

RENTRÉE DES CLASSES

LE CONSEIL JURIGRO

Obtenir une place en crèche

LES CRÈCHES du Groland sont de plus en plus difficiles d'accès, surtout à Groville, où leur taux d'occupation frôle les 132 %. Pour vous éviter de multiplier les démarches, n'hésitez pas à placer, dès le premier rendez-vous, votre enfant sur une petite chaise roulante achetée dans un magasin spécialisé ou empruntée à des amis. Les crèches grolandaises ont en effet pour habitude de faire passer en priorité les enfants souffrant de handicap. Et si l'on vous appelle pour vous dire que le gamin remarche, criez au miracle, le personnel de la crèche n'en sera que plus valorisé.

L***a vacanciation*** se termine le 2 septemb' pour les petits élèves du Groland qui retrouvent alors dans la joie les bancs cloutés de l'école. Après avoir observé douze minutes de silence devant la photo de Notre Président (accrochée au-dessus de tous les tableaux noirs), et ouï la lettre interminable du jeune résistant Guigrelin Moquette, les jeunes Grolandais font trente-sept fois le tour de la cour de récréation en sautillant sur une jambe. À midi, c'est l'heure du déjeuner pris sur les genoux : au menu un sandwich au dentifrice, un verre d'eau à la terre, un gâteau aux tuiles ; puis, après une sieste de douze minutes, c'est la distribution des stylos cassés, des cahiers mouillés et des livres arrachés. À quinze heures, les élèves font deux heures de punition à l'avance (ils copient 1000 fois « *Je bavarderai certainement pendant les cours* ») avant d'être libérés à 17 heures, à coup de pied dans les fesses.

Groverbe

« Mariage plus vieux, enfants plus vieux »

– Groverbe reboncourtois du XIIIe siècle –

LE MONDE DES ASSOS

Les amis de Jules-Édouard Moustic

C'EST devant la mésaventure subie par le présentateur du 20 heures français Patrick Poivre d'Arvor, évincé du JT de TF1 *« comme un vulgaire vendeur de roses pakistanais »* (les mots sont d'Almar Juteux, président de l'Association) que plusieurs Grolandais ont eu l'idée de créer un mouvement populaire pour soutenir le maintien de Jules-Édouard Moustic à l'antenne. Aujourd'hui, c'est plus de 2 000 personnes qui adhèrent déjà à l'association de soutien et montrent inlassablement leur attachement à ce présentateur qu'ils souhaitent indéboulonnable. Ils organisent pour cela le « Moustic Day » chaque 11 septemb' pendant lequel s'arrachent les mugs et les slips à l'effigie du journaliste.

LE NUMÉRO UTILE

Crise oblige, les jeunes sont tellement nombreux à être en prison que ce sont les vieux qui ont pris le relais. Ainsi a-t-on remarqué que la délinquance des personnes âgées a progressé de près de 54 % au Groland en 10 ans. Notre Président a décidé de mettre en place un numéro (331 331) pour lutter contre cette nouvelle délinquance en colle à dentier. Grâce à ce numéro, la police a notamment pu arrêter Anselme Bistingot, 76 ans, qui après avoir commencé à prendre un peu de cocaïne pour « *gagner aux boules* » était rapidement devenu le « Pépé de la drogue ». Ou bien encore, Baticle Pedrossian, 83 ans, qui, pour payer le loyer de sa résidence en plein centre de Groland, n'hésitait pas à racketter les moins vieux que lui, les menaçant d'un couteau suisse usagé.

HAÏKUKU

Dans le coffre
Tintent les bouteilles –
Les courses
semblent achevées

Finton Inzu

L'ANIMAL REMARQUABLE

La hyène de Calmondou

C'EST à Calmondou, petite bourgade sans histoire du Groland de l'Autre-Côté, que les villageois ont eu la surprise de voir apparaître il y a quelques années une espèce de hyène à la corpulence assez surprenante. Les pattes avant de la hyène de Calmondou, à la différence des autres, sont beaucoup plus longues que ses pattes arrière. Ce qui lui permet, entre autres, de conduire des motos de type « chopper » avec une facilité déconcertante, jusqu'à rivaliser avec les plus grands spécialistes américains du deux roues. Des émissaires de la société Harley-Davidson ont d'ailleurs récemment fait le déplacement jusqu'à Calmondou avec la certitude qu'il existait là un « marché ». Mais les canidés grolandais leur ont fait comprendre, crocs à l'appui, que leur particularité physique n'était pas à vendre.

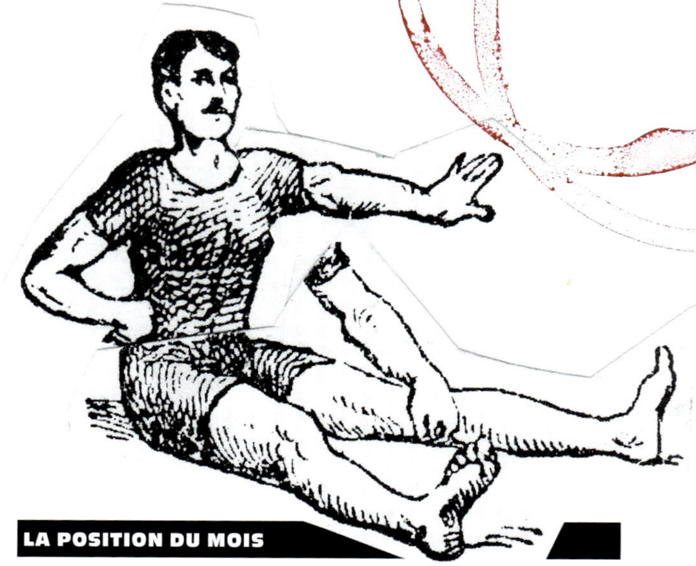

LA POSITION DU MOIS

Assis un peu sur le côté

LA POSITION « assis un peu sur le côté » allie confort, repos et nonchalance aimable. Elle a été mise au point sur la ligne de bus Plouy-le-Versois / Saint-Firmin-les-Agnasses par un certain Boibert Durangeaud. Ce dernier avait pris l'habitude, en revenant de son travail à l'usine à chaussures de Plouy, de s'asseoir au fond du véhicule en se penchant sur sa gauche « *pour appuyer sa tête cont'la vit'* ». La position « assis un peu sur le côté » fait depuis lors le bonheur des gens qui s'enquiquinent au travail ou au médecin, mais aussi des étrangers en situation irrégulière en attente d'expulsion dans les salles de notre aérodrome.

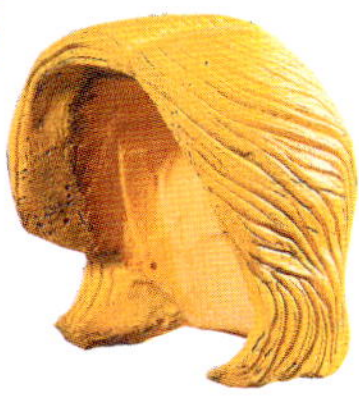

QUE SONT-ILS DEVENUS ?

Hilton John, va adopter un enfant

QUE ceux qui se demandaient ce que devenait Hilton John se rassurent. Si on ne l'avait pas vu dans les médias depuis 1997 et sa chanson hommage à Lady Diana (mais aussi à son chauffeur Monsieur Paul), « Candle in the wine », le bon vieux Hilton n'a pas chômé pour autant. Le plus grand chanteur pop grolandais de l'histoire projette de revenir en ce mois de septemb', avec ses lunettes et perruques extravagantes, pour un concert événement dans son fief de Saint-Marceau (Groland-de-Côté), où il interprétera de nouveaux titres et lèvera le voile sur son mariage avec son concubin de toujours, son producteur Manchiolle Grapin, en compagnie de qui il compte adopter un petit Burkinabé.

DÉBUT DES VENDANGES

C'***est tout au long du mois*** de septemb' et jusqu'en octob', parfois, que les vignerons grolandais travaillent à récolter les fruits qui feront le vin de l'année. De Flémir à Glonmion, de Pleurouille-en-Bourlis à Gibeaudant, les hommes, les femmes et surtout les enfants, avec leurs petites mains agiles, ramassent les petits raisins qui feront les grands crus. Le fait que l'amphore soit l'emblème du Groland n'est pas un hasard, puisque Notre Président Christophe Salengro viendra cette année en personne à Marmasse (Groland-de-Côté) écraser de ses pieds quelques fruits, avant de procéder à la visite du domaine local en compagnie du grand reporter Francky Ki, spécialiste du vin mondialement reconnu (il a notamment instauré l'appellation VTGQ, vin en très grande quantité). La visite se conclura par des centaines de verre de l'amitié.

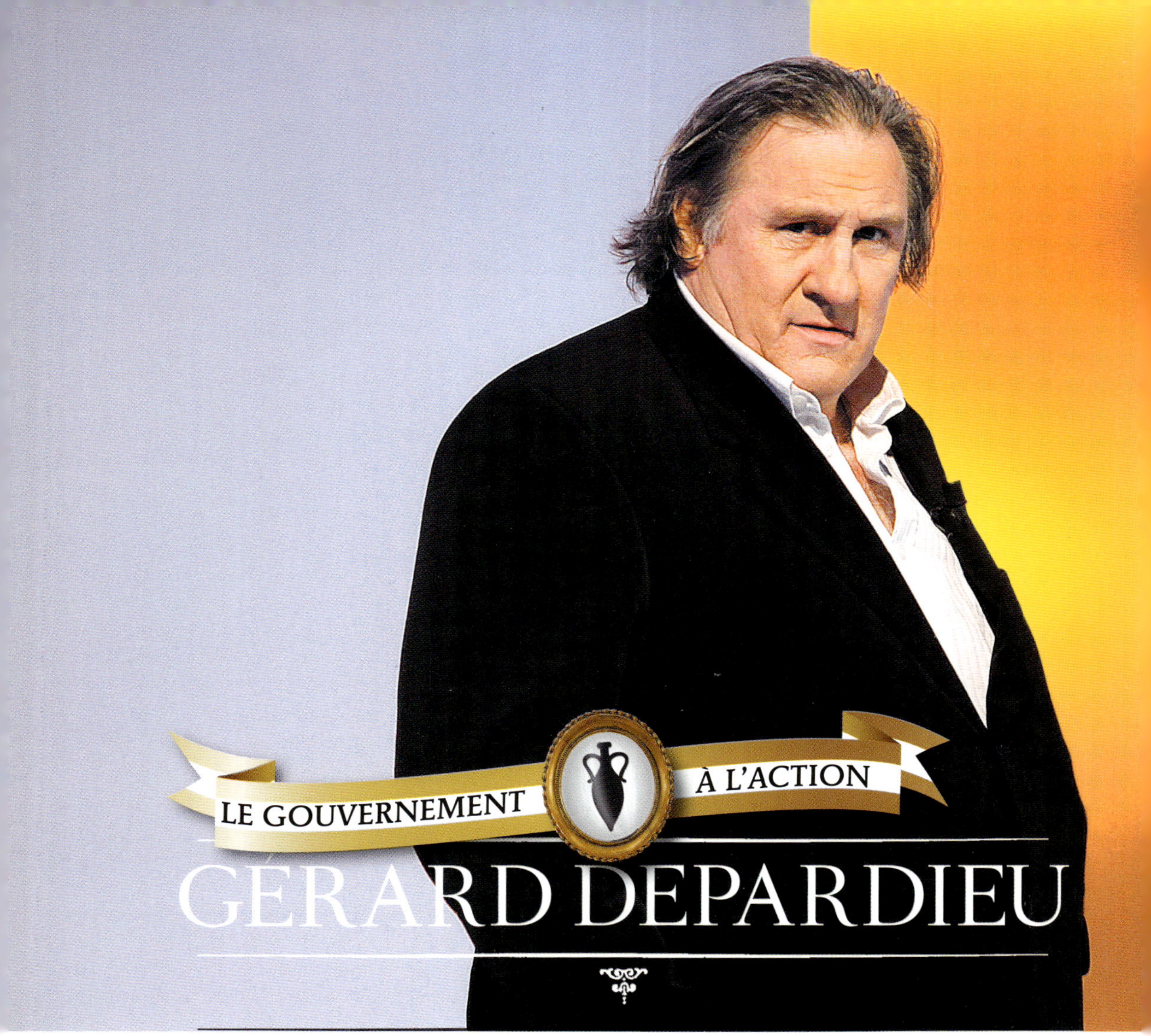

LE GOUVERNEMENT À L'ACTION

GÉRARD DEPARDIEU

MINIST' DU VIN

Sans faire économie de ses efforts, Notre Minist' du Vin va sillonner le Groland à moto et attribuer lui-même les AOG, (appellation d'origine grolandaise).

« C'EST UNE TÂCHE *compliquée que d'être Minist' du Vin au Groland, mais je pense que j'ai trouvé l'homme qu'il me fallait en la personne de Gérard Depardieu* », confiait en fin d'année 2011 Notre Président aux journalistes à la sortie du Palais Présidentiel de Groville avant de révéler le nom de l'élu. Acteur et surtout vigneron, Gérard Depardieu a été choisi par Christophe Salengro pour sa connaissance des cépages grolandais. « *Je les ai tous goûtés, les uns après les autres, des heures durant* », explique le Minist'. « *Le fait que l'amphore soit l'emblème du Groland n'est pas un hasard. Notre Présipauté produit l'un des 8 ou 9 meilleurs vins du monde. Rouges, blancs, rosés, pétillants, tous sont délicieux, qui fruités, qui fleurant bon le liège...* », renchérit-il.

« Huit heures d'œnologie au collège »

Gérard Depardieu entend faire du vin l'un des principaux atouts santé des années qui viennent. « *Quand je vois toutes ces saloperies de maladies qui nous viennent d'Asie ou de je-ne-sais-où, je me dis que notre vin est une des meilleures armes qui soit. Pour lutter contre les épi-*

« Boire du vin, beaucoup de vin »

démies et autres virus, il faut boire du vin, beaucoup de vin. Et ce dès le plus jeune âge. Je vais demander que le vin soit inscrit au menu des cantines des écoles grolandaises dès la rentrée prochaine», lance le Minist'.

Intitulée « Fort comme Papa », cette initiative concernera les élèves des écoles maternelles et primaires, ainsi que ceux des collèges et des lycées. «*Huit heures de cours d'œnologie seront dispensés à partir de l'entrée au collège. Pas question de laisser les gosses confondre un blanc de Glumotte avec un gris de Marmasse, bordel*», s'emporte le Minist', qui compte également sillonner Notre Présipauté« *en moto* » pour attribuer lui-même après dégustation les AOG (appellation d'origine grolandaise). « *Je ferai les déplacements moi-même, et ceux qui me fileront de la piquette finiront avec la gueule dans le tonneau* », prévient-t-il. Pour mener son action à bien et développer le vin grolandais à l'étranger, Gérard Depardieu a décidé de s'adjoindre les services du grand reporter et sommelier Michael Kael, auteur du best-seller « Le Guide des vins du Groland ». « *J'aime bien ce Michael Kael, il a le front un peu plat, mais c'est un bon connaisseur des vins grolandais. Il m'est arrivé de suivre ses conseils et je ne l'ai jamais regretté. Je l'emmènerai à l'arrière de ma moto lors de certains déplacements, et quand il me gonflera, je l'enverrai à l'étranger voir si j'y suis avec des bouteilles de rouquin de Mormougne sous l'aisselle, histoire qu'il en vende un ou deux aux Chinois.* »

Dès sa prise de fonction, Notre Minist' a décidé de s'enfermer quatre jours durant avec Notre Président dans son cabinet, avec « *trois caisses de péteux de Béthanlis* » qu'il a fait livrer en urgence par un exploitant local. « *Y fait péter, ça va nous dégourdir le pot d'échappement* », s'est écrié Gérard Depardieu avant de disparaître pour se mettre au travail, dans un salon de son Ministère qu'il a immédiatement fait baptiser « Salon Jean-Carmet ».

Mormougne

Le site du futur aéroport international.

Octob'

Lendi	1	St Oreiller	
Môrdi	2	St Ossur	
Credi	3	St Pachibulle	
Joudi	4	St Pactouilli	40
Dredi	5	Ste Pamela	
Sadi	6	Ste Pampelune	
Grom.	7	St Papyrus	
Lendi	8	Ste Parfuma	◐
Môrdi	9	Ste Patalgèbre	
Credi	10	Ste Patapraule	
Joudi	11	St Patatrice	41
Dredi	12	St Pater	
Sadi	13	St Payi	
Grom.	14	St Perceballe	
Lendi	15	St Perdélic	●
Môrdi	16	St Périclès	
Credi	17	Ste Perlimpronelle	
Joudi	18	St Perling	42
Dredi	19	St Pérorin	
Sadi	20	Ste Pertaillane	
Grom.	21	Ste Pétalina	
Lendi	22	Ste Pétula	◑
Môrdi	23	St Philabar	
Credi	24	St Philichel	
Joudi	25	St Philtifien	43
Dredi	26	St Philtraore	
Sadi	27	Ste Philtuvare	
Grom.	28	St Pieroro	
Lendi	29	Ste Pigounette	○
Môrdi	30	St Pilanolo	
Credi	31	St Pilipili	

Fashion wouik

E*n ce mois d'octob'*, tout Groville promet d'entrer en effervescence. Comme chaque année, c'est à cette époque que tous les créateurs de Notre Présipauté se donnent rendez-vous pour la Fashion wouik. Sur les catwalks, les créateurs grolandais exposent leurs dernières créations haute-couture, magnifiées par des mannequins triés contre un volet. Particulièrement attendu cette année, le défilé de la maison Romidolf Planbier : le créateur vedette de Sancier-le-Lierre a choisi de décliner le lycra pour une collection de tabliers de cuisine près du corps assez futuristes, qui tombent juste sous la rotule.

La nuisette au goût du jour

Autre événement, le lancement de la marque Gro Van Dusten imaginée par Almar Lippon, ce jeune couturier ambidextre de Glonmion passé par Milan, Anvers et Paris, qui a choisi de revisiter la combinaison entre classicisme, ambiance western et évocations futuristes : des vêtements à la coupe sobre, mais qui ne renient pas la frange et le zip (c'est pratique pour ranger son porte-monnaie). Jéromio Johnson, le « Marc Jacobs » de Mufflins, aura quant à lui choisi, très paradoxalement, de remettre la nuisette au goût du jour.

À noter pour la première fois l'absence de Rogien Gwalliano, le démiurge de la maison Ripousse, qui l'an passé avait été filmé à son insu en buvant de l'eau plate et en mangeant une salade verte et qui a depuis perdu toute crédibilité dans la mode grolandaise. Gwalliano a été remplacé par le nouveau venu Tatave Landibon, qui aura à cœur d'emmener la maison Ripousse vers de nouveaux horizons avec une toute nouvelle production que l'on annonce déjà révolutionnaire, mariant le cuir et la viande des Grisons.

Festival
du film de
Garage d'Anvoise

Les 25 ans
de la Très
Grande Biscothèque

HAÏKUKU

Herbes folles de l'automne –
L'eau de vie
Bruisse sur mes dents

Marcellard Hakyô

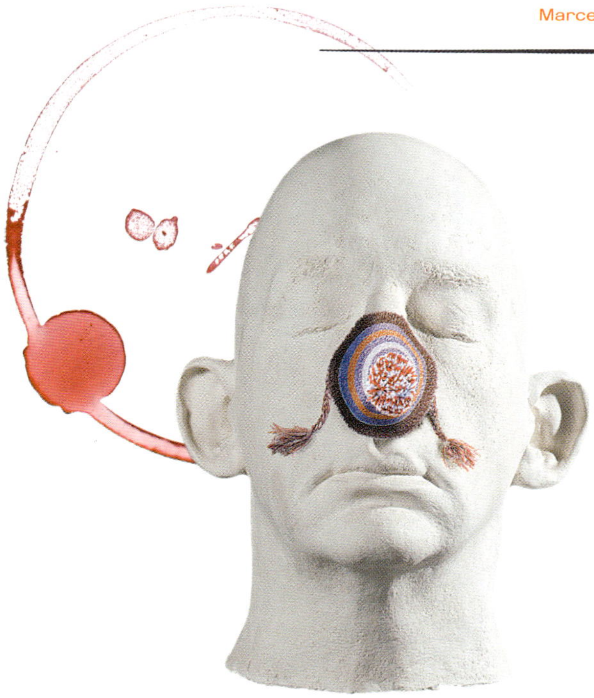

L'INVENTION

Le bonnet de nez

Quand les premiers frimas s'annoncent, rien de plus mesquin qu'une vilaine bise qui vous colle un rhume qu'on garde tout l'hiver. On peut bien sûr se couvrir et porter une écharpe jusqu'au front. Mais ce n'est pas pratique, ça couvre la bouche. On ne peut ni manger ni boire dehors. Fort marri par ce constat, Philibert Bouteilloux, originaire de Vézillon-les-Gravelines, a conçu le bonnet de nez. Adaptable à toutes les formes de nez, il vous protège du froid et des maladies. Il permet également de saluer ses voisins d'une façon originale quand on les croise dans la rue en soulevant son bonnet de nez ! Un modèle en soie et peau de musaraigne a été offert à Notre Président.

CÔTÉ JARDIN

Éloigner les taupes

ELLES infestent votre jardin, ces vilaines taupes qui ne font rien qu'à manger les racines des plantes et à faire peur aux enfants (surtout lorsqu'elles portent des lunettes de soleil). Pour les éloigner, pas besoin de pièges ni de produits spéciaux. Il suffit juste de disposer quelques tickets d'Eugromillions à l'entrée de votre jardin : les taupes, que l'on dit vénales et joueuses, se précipiteront pour les attraper et aller les faire valider au tabac du coin d'où elles ne sortiront plus avant la fermeture, laissant ainsi votre jardin et vos enfants dans la plus grande tranquillité.

FESTIVAL DU FILM DE GARAGE D'ANVOISE

Le monde entier nous envie ce Festival de cinéma d'un autre genre. À Anvoise, pas de flonflons, pas de tapis rouges ni de starlettes comme à Cannes: la vedette, c'est le garage. Tous les films sélectionnés ont en effet la particularité d'avoir été tournés dans cet endroit où l'on range d'habitude sa voiture, ses pelles, sa bétonneuse, ses bouteilles vides ou sa femme. Un espace que l'on transcende à Anvoise, puisque chaque année des films grolandais mais aussi paraguayens ou néo-zélandais sont projetés dans le garage de Carbire Maffloure, organisateur de ce rendez-vous de passionnés du 7e art. Pour cette édition 2012 , on connaît déjà les favoris, tous grolandais: « Le Garage du Mississippi », de Boibert Truffaut, « Il était une fois au garage » de Gado Leone, et « Le Garage contre-attaque » de Redondard Lucas.

LE SAVIEZ-VOUS ?

Léprechaune-sur-Loing, pays du lutin

Qui a dit que les lutins n'existaient pas ? Si vous allez au *Café des Marronniers* de Léprechaune-sur-Loing, vous rencontrerez plusieurs d'entre eux dont Gérard Blandin, un lutin qui a su qu'il en était un dès six ans, juste après que ses parents lui eurent offert sa première cagoule rouge et ses petites bottes blanches.
« Le Petit Blandin » comme certains aiment à le surnommer, apparaît à l'heure de l'apéritif cinq fois par jour, puis disparaît quand le café ferme, pour réapparaître à nouveau à l'heure de l'ouverture. Les petits verres, que le patron remplit sans cesse et qui restent sans arrêt posés sur un coin du bar (et que Blandin attrape systématiquement à bouts de bras), sont sans conteste la preuve de son existence.

GRANDE LIQUIDATION TOP LOISIRS -25% votre 2 pièces/balcon tout près de Céton

Aujourd'hui ouverture officielle de la chasse aux clowns

Soir-Matin

JEUDI A GROLAND • 17 PARTANTES

Mercredi 21 Janvier 1998

EXCLUSIF ! NOTRE PRESIDENT EN VISITE A LA TRES GRANDE BISCOTHEQUE

PAGE • 7

C'est avec recueillement et émotion que Notre Président a commémoré l'inauguration de la Très Grande Biscothèque de Groville, qui connaît depuis 25 ans un succès jamais démenti.

HERVE DUHAMEL : SON NOUVEAU LIVRE

deux vitesses

AUJOURD'HUI AVEC NOTRE PAGE « MONDIAL MAG »

Le poster dédicacé de Ouédec

Pages 12 et dernière

L'astuce de Mamie Gribentine

AVOIR UN ÉCRAN D'ORDINATEUR NICKEL

FINI les écrans d'ordi avec des traces de doigts ou des poils de chat. Oubliez les cotons imbibés d'alcool ou les lingettes vendues à prix d'or. Faites comme Mamie Gribentine : prenez votre ordinateur, sortez-le dans la cour, attrapez le tuyau d'arrosage, ouvrez-le à puissance maximale et passez-le pendant une bonne demi-heure en sifflant. Laissez sécher le tout pendant une grosse heure au soleil (ou mettez-le s'il fait moche sous un casque de séchoir à double cloche pour bigoudis), et vous verrez, ça fait même du bien au clavier et à tout le reste. Merci Mamie Gribentine !

LES 25 ANS DE LA TRÈS GRANDE BISCOTHÈQUE

C'*est en 1987* que fut inaugurée la Très Grande Biscothèque de Groville. Pour son 25e anniversaire, cette institution devenue l'un des lieux incontournables de la vie culturelle grolandaise, qui regroupe à elle seule près de 20 000 biscottes venues du monde entier, a choisi d'organiser une journée portes ouvertes et de dévoiler ses trésors au grand public. Parmi eux, et grande curiosité de l'endroit, on retrouvera notamment la fameuse Prïskrole suédoise (datant du XIIe siècle) maintenue dans son étui de renne, la toute première Truscotte de Pelletia, mais aussi un Panini Fromage fossilisé et ainsi devenu une biscotte. La Très Grande Biscothèque est aussi un lieu de rencontres où l'on peut choisir ses biscottes dans les rayons et les tartiner à loisir, à condition de ne pas faire de bruit en mâchant.

★★★ LA RECETTE ★★★

Le saumon façon Catherine Deneuve

C'est après avoir vu « Le Dernier Métro » de François Truffaut que Jo, le propriétaire de « Chez Jo » à Ronstanhi (où l'on a déjà croisé Hilton John ou Guy Mardel), a eu l'idée de cuisiner son saumon « façon Catherine Deneuve ». Il le fait revenir dans des cheveux blonds qu'il récupère chez des amis coiffeurs pour dames, avant de le cuir au four avec un jus de chaussures à talons aiguilles dont il a le secret. Le « saumon Catherine Deneuve » se déguste ensuite avec des petites pommes de terre et un coulis de peau d'âne.

Groverbe

« Qui mange pakistanais, s'enchaîne au bidet »

- Brugnion Colomb, explorateur grolandais du xve siècle -

LA BONNE ADRESSE

Aux Deux Gars à Ub-sur-Ganette

17, rue des Trois-Gars, Ub-sur-Ganette

Restaurant italien tenu par Paulo Trochuet et Maurizzio Alléra. Les deux compères sont de véritables clowns et on y rit beaucoup. Surtout lorsqu'ils imitent La Cage aux Folles. Voir Paulo marcher comme Claudia Schiffer est un régal. Quant à Maurizzio, il n'a pas son égal pour imiter une dispute dans un couple : jets d'assiettes au visage de Paulo, insultes qui font mal et autres bagarres sur la tomette, on s'y croirait. La clientèle est essentiellement constituée de cadres sportifs qui amènent leur compagne davantage pour voir le spectacle que pour dîner. C'est dommage car la carte vaut le détour.

Spécialités : tortellini De Maria, pipperetti mandragoni, farfilione en la bruschetta, tartoufietta alla curtichette, melone de priti.

MINIST' DES ÉCONOMIES ET DE L'ARGENT QUI DORT

Par ces temps d'austérité, Notre Minist' délivre quelques conseils fort utiles pour protéger ses économies.

POUR METTRE le Groland a l'abri d'une crise mondiale, Notre Président a choisi de faire appel au journaliste et écrivain Denis Robert, qui avait notamment décrypté par le passé le fonctionnement de l'entreprise à blanchir l'argent sale Cleargro. « *Je suis très honoré que Notre Président m'ait demandé d'assumer cette charge. Les économies sont bien sûr le cœur et le poumon de ce gouvernement, et c'est grâce à elles que nous, Grolandais, pourrons vivre dans ce monde en crise* », a noté Denis Robert lors de sa prise de fonction.

« *Je vais demander à tous les Grolandais d'aller jeter un œil sous leur matelas, dans leurs chaussettes ou leurs vieux livres, ils y trouveront certainement de vieilles économies qui seront utiles à la relance. Je suis certain qu'il y a beaucoup d'argent qui sommeille au Groland, et nous ne pouvons pas nous le permettre. Nous avons besoin de liquidités, en particulier pour l'heure de l'apéritif* », avait ainsi lancé le Minist' l'année dernière lors de sa première conférence de presse.

Pour la première fois, ce jour-là, les journalistes ont dû apporter leur propre sandwich et leur

« Il va falloir regarder sous les matelas »

propre vin. « *Chacun doit y mettre du sien, putain!* », avait alors lancé le Minist' qui s'était lui-même muni d'un copieux suédois au jambon-cheddar pour donner l'exemple.
Lors de cette conférence, Denis Robert a expliqué comment il comptait attirer les capitaux étrangers au Groland : « *Le Groland doit devenir un havre de paix pour les banquiers et les hommes d'affaires. Il faut inciter toutes les multinationales, les trusts et les organismes internationaux à installer leur siège à Groville. Nous allons organiser des stages pour habituer les Grolandais à être gentils avec les gens qui manipulent des grosses sommes d'argent, ce qui n'est pas encore toujours le cas, malheureusement.* » On se souvient notamment de l'agression dont avait été victime le patron du Crédit Grolandais dans un bar de Planvier en 2010, qui a largement contribué à discréditer Notre Présipauté sur les grandes places financières. « *J'entends changer tout ça* », a précisé Denis Robert, qui souhaite aussi faire de l'eugro une valeur refuge en ces temps troublés.

Investir dans des clubs de foot

« *Nous allons créer des assurances grolandaises avec lesquelles les fonds étrangers pourront être garantis sur des fonds de matelas ou de bas de contention* », a expliqué le Minist', qui compte aussi « *taxer des boissons gazeuses et des sodas comme le Grorangina* ». Enfin, Denis Robert envisage d'accélérer la croissance des investissements grolandais à l'étranger, et ce malgré la conjoncture. « *Nous devons acheter des clubs de football à l'étranger. En France, je suis déjà en contact avec le FC Metz qui ne serait pas contre l'idée de recevoir des investisseurs. Silvio Berlusconi m'a également contacté au sujet du Milan AC qu'il compte revendre un de ces jours pour se consacrer davantage au* bounga-bounga. *Je compte aussi me rendre au Qatar pour y acheter des clubs de football mais, pour l'instant, il fait trop chaud* », conclut Denis Robert, capitaine à la tête froide d'un navire grolandais qui garde ainsi le cap en ces temps troublés de crise économique mondiale.

Novemb'

Joudi	1	St Pilmar	44
Dredi	2	St Pilourdin	
Sadi	3	St Pimprâline	
Grom.	4	St Pinocchio	◐
Lendi	5	Ste Pipierrot	
Môrdi	6	Ste Pitiane	
Credi	7	St Plution	
Joudi	8	St Pogilo	45
Dredi	9	St Pomelo	
Sadi	10	St Pougnajo	●
Grom.	11	St Poupou	
Lendi	12	St Pourbert	
Môrdi	13	Ste Princilla	
Credi	14	Ste Pulpa	
Joudi	15	Beaujolais nouveau	46
Dredi	16	St Ragondine	
Sadi	17	St Ramunchilo	◑
Grom.	18	St Randimon	
Lendi	19	St Randy-Pierre	
Môrdi	20	Ste Raybertine	
Credi	21	St Raymard	
Joudi	22	Ste Raymondine	47
Dredi	23	St Raymonlomond	
Sadi	24	Ste Rayrbane	
Grom.	25	St Rayrbart	○
Lendi	26	St Rayroro	
Môrdi	27	St Redondard	
Credi	28	St Relereterele	
Joudi	29	St Rémard	48
Dredi	30	St Renaudot	

Miss Groland

Qui succédera à Symuvie Liton, 76 ans, sans profession et originaire d'Anchoir-la-Tour, qui avait remporté sur le fil le titre de Miss Groland 2011 ? Après une année de sélection ardue, toutes les communes de Notre Présipauté présenteront à la salle polyvalente de Mufflins, lors d'une soirée spéciale diffusée sur GRO1 et présentée par Francis Kuntz, celle qu'elles auront choisi pour les représenter lors de cet événement qui sacre le glamour grolandais et fait la fierté de nos régions.
Pour cette édition 2012, les candidates auront au préalable passé une petite semaine sur les ravissantes îles Cofouë où la présidente du Comité Miss Groland, Sébérina De Fontenasse, leur aura rappelé les fondamentaux de la vie en société et de l'activité au foyer (après les avoir photographiées dans leur plus simple appareil).

Un vote populaire par fax

De retour à Mufflins, pour ce grand événement populaire, les candidates défileront devant un jury de prestige qui sera composé cette année du DJ qui a le vent en poupe, David Garetta, du grand reporter Francky Ki, du comique vedette Jacky Blangier (qui est d'ailleurs aujourd'hui marié à Miss Groland 1977, Blubandine Mercier de La Barioule, seule unijambiste à avoir remporté le titre), des chanteurs aveugles du Mali Mamadou et Marie-Myriam, et de Notre Président Christophe Salengro dont le vote compte traditionnellement triple.
À noter que, pour la première fois, la population grolandaise pourra participer un tout petit peu à l'élection, en votant par fax de chez elle via un numéro spécial (7 eugros le fax). Et comme chaque année, l'heureuse élue gagnera, pour débuter son règne comme il se doit après avoir séché ses larmes de joie, le droit de passer un mois en maillot de bain en compagnie de Notre Président dans une chambre capitonnée du palais de Groville.

Journée de la modération au volant

Grosex, Salon de l'érotisme grolandais

L'ANIMAL REMARQUABLE

La bête de Fontenaille

À FONTENAILLE, on ne sait plus trop sur quel pied danser, et surtout, on ferme sa porte à double-tour. Certains disent que c'est une mule après avoir observé des traces de sabot, d'autres parlent de sanglier après avoir localisé des traces de cornes, quelques-uns évoquent un zèbre rapport à d'éventuelles rayures aperçues dans la nuit : mais personne ne sait véritablement à quoi ressemble ce que l'on appelle désormais « la bête de Fontenaille », et qui a déjà saccagé plusieurs dizaines d'habitations, de la cave au grenier. Seule certitude, la fameuse bête, lorsqu'elle prend la fuite, pousse des cris qui reprennent certaines mélodies du groupe de hard rock allemand Scorpion.

JOURNÉE DE LA MODÉRATION AU VOLANT

En ce jour de Toussaint, traditionnelle fête des accidents de la route chez nos voisins Français, les Grolandais se donnent pour mission de ne pas dépasser les 50 kilomètres/heure au volant de leurs autos, motos, où même de ce que les jeunes appellent un « booster » (une sorte de mobylette améliorée). La Toussaint est ainsi une journée de repos à la fois pour les conducteurs, les véhicules et les routes, et vient rappeler aux Grolandais que rien ne sert de bomber dans les virages ou devant les sorties d'école, à moins d'être vraiment en retard à l'apéritif. C'est une journée particulièrement éprouvante pour Serge Nuques, le chevalier motocycliste du Groland, adoubé par Notre Président en personne, qui tous les autres jours de l'année porte haut les couleurs de Notre Présipauté sur les circuits du monde entier. Mais le pétaradant sportif, soucieux des règles de sécurité routière, reste ce jour-là à la maison et ronge sagement son frein en briquant d'une main son heaume et son haubert et en caressant sa plume de l'autre.

Groverbe

« Sieste en chaussettes, réveil aux trompettes »

– Groverbe traditionnel grobourois –

L'INVENTION

La tondeuse Led Zep

La tondeuse ça fait du bruit et c'est épuisant pour celui qui tond comme pour celui qui ne tond pas. C'est pourquoi, après un travail sur le moteur d'une tondeuse qu'il a combinée avec un baladeur MP3, et ce grâce à un réacteur d'avion inversé, Nougatin Manœuvre est parvenu à inventer un appareil qui crache les hits de Led Zeppelin plutôt que ce bruit assourdissant qui empêche de faire la sieste. Surnommé la «tondeuse Led Zep», cet appareil qui s'arrache jusqu'en Amérique est vendu avec une perruque de cheveux longs bouclés sur la nuque et un pantalon en cuir.

LE MONDE DES ASSOS

Les Grésistants

C'EST tous les 11 novemb' que le Groland célèbre ses Résistants sous la férule de son association phare Les Grésistants. Comme ils n'ont jamais été très nombreux, cette sympathique confrérie organise une toute petite marche au travers de la forêt de La Braconne, entre Barimont et Pleurouille (Notre Président, malheureusement, ne peut que trop rarement assister à cette marche, puisqu'il n'est jamais là à cette date). Le départ est donné au Café de la Nation, situé sur la place centrale de Barimont, et c'est Rémard Michaudon, l'un des derniers résistants grolandais (qui, comme il aime à le répéter à chaque début de circuit, «*en a donné des Juifs, mais des coins à champignons jamais*»), ouvre la marche au travers de la luxuriante forêt braconienne, racontant les «passeurs» du lieu dit La Charogne, les loups hongrois qui attaquent pendant la nuit où encore les mines antipersonnel que Lady Di n'a pas toutes réussi à enlever… L'arrivée, après trois bonnes heures de marche, est prévue au Café de la Nation – celui situé sur la place de la Nation à Pleurouille, cette fois.

HAÏKUKU

Ma femme est partie
Mes enfants aussi –
La vie commence

Brugnion Sapuku

QUE SONT-ILS DEVENUS ?

« Nono » le journaliste, en cure d'orthophonie

CE n'est pas le plus connu des reporters grolandais – il est vrai que Michael Kael et Francis Kuntz lui ont souvent volé la vedette – mais « Nono » que l'on surnomme volontiers le reporter de l'extrême, est assurément l'un des journalistes grolandais les plus courageux (malgré ses problèmes d'élocution). Après avoir tenté de câliner la grande prêtresse de l'extrême droite française Marine Le Pen, et avoir risqué sa vie dans la centrale de Fukushima, Nono a décidé de prendre un peu de repos chez lui à Tribouillard, où il s'est enfermé plusieurs mois avec un orthophoniste. Nul doute que Nono reviendra au sommet car, comme le dit si bien le rappeur Booba, *« Tout ce qui ne tue pas rend plus fort - ou handicapé »*.

LE SITE SYMPA

Si l'on sait que la célébrité est fragile et qu'elle peut partir en fumée presque n'importe quand, il existe pourtant de sacrés fétichistes encore prêts à collectionner le slip voire l'ongle incarné de leur vedette favorite. C'est en faisant ce constat que Pulba Wibert, une jeune Grolandaise de 28 ans qui nettoyait les cendriers du Palais des Sports de Groville a collecté les mégots des plus grands, qu'elle revend désormais bonbon sur le net. Des fumaillons de Jean-Luc Lahaye et Sylvie Vartan (qui dit-on fume par les fesses) en passant même par la cigarette électronique d'Arielle Dombasle, nul doute que les fans trouveront leur bonheur sur ce site étonnant.
www.megots-de-stars.gro

15 AU 18 NOVEMB'

GROSEX, LE SALON DE L'ÉROTISME GROLANDAIS

C'***est au parc des Sexpositions*** de Groville, créé pour l'occasion, que se déroule cette année pour la première fois la grande fête de la cuisse légère et de la jambe folle. Pendant quatre jours, sous l'ogive de Notre Président et de la nouvelle Miss Groland, se dérouleront spectacles et autres performances pas piquées des hannetons. Au programme, notamment, les danses très hot de celles que l'on surnomme les « Chaudasses de Grottentrou », une performance du fameux travesti Jamir Lafounisse, mais aussi une rétrospective du maître du porno intimiste grolandais Fionlon Pointard (auteur de « La Vilaine Femme de Glumotte », des « Petites gagneuses de Travely-en-Guépière » et surtout de « L'extraterrestre de Roswell-sur-Gougnon »). Plusieurs conférences-ébats seront également organisés dans le « Boudoir Amanda Lear ». L'artiste internationale, invitée d'honneur de ce salon, abordera les thèmes suivants : « Le sexe après cent dix ans », « Homme ou femme, quelle différence ? », « Et ça, c'est du plastique ? », ou encore « Vin ou sexe, les deux sont-ils vraiment incompatibles ? ».

LE GOUVERNEMENT À L'ACTION

YOLANDE MOREAU

MINIST' DU TRICOT ET DE LA MAILLE À PARTIR

Pour lutter contre l'invasion des textiles synthétiques, Notre Minist' va faire détricoter tous les pulls du pays.

« **MON PLAN,** *c'est de tout détricoter, puis de tout retricoter»*, annonce d'emblée Yolande Moreau, propulsée par Notre Président au poste de Minist' du Tricot et de la Maille à Partir. Face à l'invasion des matières acryliques et synthétiques venues d'Asie, Christophe Salengro, visionnaire s'il en est, a choisi de réhabiliter la laine et il a fait confiance pour cela à une spécialiste de la question. « *Je suis très honorée d'avoir été nommée à ce poste. La mission détrico-retricotage que j'entends mener sera décisive dans la lutte que nous allons mener contres les matières scélérates, pour imposer la laine. Il faut préparer le grand retour du mohair, de l'angora, ou encore du mouton, qui sont des matières nobles. Nous allons donc, dans un premier temps, tout détricoter pour faire des boules et récupérer la laine. Puis, une fois que tout cela sera fait, nous la re-tricoterons, mais pas n'importe comment. Je propose que l'on tricote tout à l'endroit, parce que l'envers est inutile dans le fond»*, explique Yolande Moreau.

La Minist' compte également « *mettre l'accent sur les manches. On risque d'en avoir besoin cet hiver. Je ne voudrais pas que l'on re-*

« Nous allons tout tricoter à l'endroit »

trouve des personnes avec les bras gelés comme cette pauvre femme qu'il a fallu amputer l'an passé à Chichigneux.» Au programme également, la remise au goût du jour de plusieurs points stratégiques, parmi lesquels *« le point G, le point dans la gueule, mais aussi le point rond, notamment pour les pulls que l'on portera autour des ronds-points.»*

Relance du bonnet péruvien

Pour relancer l'engouement autour du tricot, et pour ne pas dire le buzz, la Minist' entend organiser à Verbulin, dans le Groland-de-l'Autre-Côté, un championnat de tricot conçu spécialement pour les manchots. *« Les équipes se présenteront par deux. Un manchot côté droit et un manchot côté gauche pour faire la paire. Un jury, composé de manchots, lui aussi, départagera les meilleurs candidats, qui seront récompensés par une paire d'aiguilles flambant neuves de la marque PhilGroDar, notre partenaire sur cette mission détrico-retricotage»*, précise Yolande Moreau. Les pulls fabriqués lors de ces joutes seront ensuite envoyés aux enfants pauvres des Isles Coufouë, qui devront les porter malgré la chaleur qui avoisine parfois les quarante degrés mais auront ainsi le sentiment de participer pleinement à l'effort national. Après avoir *« relancé la mode du bonnet péruvien en laine»*, l'une de ses marottes, la Minist' prévoit enfin un grand plan banlieue articulé autour du tricot, et notamment dans les faubourgs les plus violents de Groville. *« Je voudrais créer des centres de tricot stériles un peu partout dans les banlieues, pour que les jeunes en difficulté apprennent à se faire la maille»*, conclut la Minist' qui a programmé de nombreux déplacements dans tout le Groland en 2012 afin de promouvoir, l'aiguille à la main, la mission détrico-retricotage dans les moindres recoins du pays.

Décemb'

Sadi	1	St Renonban	
Grom.	2	St Reynald	
Lendi	3	St Ribouldin	
Môrdi	4	St Rimbardon	
Credi	5	St Robinétac	
Joudi	6	St Nicolas	◐ 49
Dredi	7	St Rochocho	
Sadi	8	St Rogien	
Grom.	9	St Rogognon	
Lendi	10	St Romidolf	
Môrdi	11	St Roudioudiou	
Credi	12	Ste Roxapiline	
Joudi	13	Ste Samantata	● 50
Dredi	14	Ste Sébantine	
Sadi	15	Ste Sébérina	
Grom.	16	St Semelli	
Lendi	17	St Sibabiline	
Môrdi	18	Ste Sigourdine	
Credi	19	St Silamon	
Joudi	20	St Sildave	◑ 51
Dredi	21	Hiver	
Sadi	22	Ste Silirène	
Grom.	23	Ste Sinechine	
Lendi	24	Ste Slantine	
Môrdi	25	Noyel	
Credi	26	St Sodomichel	
Joudi	27	Ste Solutrichine	52
Dredi	28	Ste Symuvie	○
Sadi	29	St Tatave	
Grom.	30	St Valentivtiv	
Lendi	31	Nuit des faux culs	

Noyel

C'***est le Noyel au Groland***, et alors que le monde entier se repaît autour d'une dinde en buvant du vin et en ouvrant des cadeaux achetés à vils prix, les habitants de Notre Présipauté donnent eux leur préférence à une soirée où l'intelligence fait triompher la raison, voire l'écologie. Autour d'un repas chiche, les Grolandais entament en effet chaque 25 décemb' une période d'ascèse qui leur permet d'attendre tranquillement les soldes de janbier (pas question de mettre deux fois le prix pour un objet si on peut l'avoir avec un rabais quelques jours plus tard). Le soir de Noyel, pas de gâchis, pas de surconsommation.

Une semaine de recyclage intensif

D'abord, on éteint tous les instruments électriques, on ferme la lumière et le chauffage (quitte à mettre à l'intérieur les vêtements d'hiver ou les gants que l'on porte d'habitude à l'extérieur). Les familles grolandaises prennent ensuite leur repas à la bougie et à même la table, de préférence avec leurs mains ou d'autres organes adaptés. On peut étaler du yaourt sur la table et le manger avec le doigt (si on n'a pas mis de gants), ou bien une soupe de légumes qui sera dégustée avec la langue, dans le calme et le recueillement. À la fin du repas, et juste après que la table a été entièrement nettoyée (il est possible d'utiliser des quignons de pain sans les gâcher), chacun évoque le cadeau qu'il aimerait recevoir pour la période des soldes à venir.

Après une dernière tisane ou un verre d'eau, chacun regagne sa chambre dans le noir et se couche en attendant le lever du soleil.

Pendant les dix jours qui suivent le Noyel, les Grolandais font des efforts pour recycler leurs vieux cartons, leurs vieux souliers et leurs vieilles culottes, afin de se préparer à retrouver une existence normale de consommateur dès l'ouverture des soldes : car on ne peut pas vivre comme ça éternellement non plus.

Journée
des super nuls en orientation

Fête
du fémur

Nuit
des faux culs

Groverbe

« Celui qui boit trop de vin vomit sous le sapin »

– Groverbe plomboirien du XIIe siècle –

LE CONSEIL JURIGRO

Éviter le piratage sur internet

LE PIRATAGE sur le net est devenu un fléau. Qui n'a jamais été victime d'une arnaque à la carte de crédit, pour un achat qu'il n'a jamais effectué en Belgique ou même en Uruguay ? Pour éviter ce désagrément, pensez à vous rapprocher de l'association pour les personnes non-voyantes du Groland, qui recherche souvent des tuteurs. Commandez ensuite avec sa carte, et pensez à vous faire livrer chez l'aveugle qui n'y verra que du feu. En cas de réclamation, personne n'ira croire qu'une personne atteinte de cécité a commandé toute seule l'intégrale de Steven Seagall sur internet.
Plus d'infos sur :
www.jurigro.gro

★★★ LA RECETTE ★★★

Le pâté de vers de terre

C'est devant la porte de son restaurant (situé à La Foultrille, dans le Groland-du-Bas), et après avoir écrasé par mégarde un nœud de vers de terre, que Philabar Sigismond a eu l'idée d'en faire un pâté. Adepte des plats à base d'insectes et d'animaux (on se souvient de sa tarte à la mouche ou de son confit de ragondin), Sigismond propose en effet, après avoir écrasé les vers avec ses pieds ou un rouleau à pâtisserie, de les faire revenir dans un mélange de thym et de terreau qu'il faut ensuite faire monter en gelée et qu'on peut enrober de croûte de pain. Allez, c'est le moment de se mettre au ver.

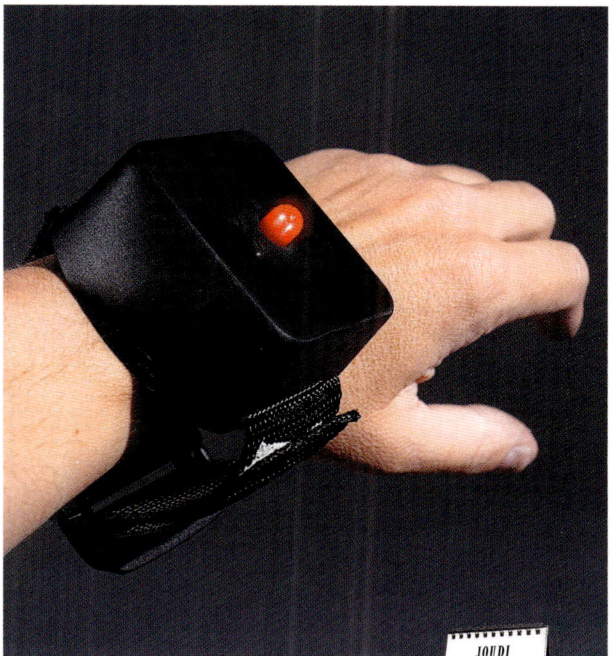

JOURNÉE DES SUPER NULS EN ORIENTATION

Parce qu'il n'est pas toujours facile de se repérer au Groland et que certains hésitent parfois à demander leur chemin, le ministère des Transports du dessus lance en ce 6 décemb', un objet qui va vite devenir le meilleur ami des super nuls en orientation. Le GPS (guide pour les super nuls en orientation) se porte au poignet et vous guide en direct au moyen de discrètes vibrations. Il suffit de donner oralement son point de départ, ainsi que sa destination et le GPS vous indique s'il vous faut tourner à gauche, à droite, et même s'il vous faut vous mettre à courir très vite, très vite parce qu'un pitbull vous a repéré. Design et efficace, le GPS est par ailleurs du meilleur effet esthétique au poignet.

L'ANIMAL REMARQUABLE

La brebis galeuse de Flantigron

C'EST une petite brebis au poil ras qui se tient à l'égard du troupeau, qui vit sa propre vie loin des autres, peut-être à cause d'un étrange défaut d'élocution. C'est d'ailleurs pour cette incapacité à s'intégrer au collectif que Gluctère Laffont, berger à Flantigron, l'a surnommée « Nico Anelka ». C'est lors de la dernière transhumance que cette petite brebis, qui refusait de se tenir à la place qu'on lui avait attribuée, aurait dit-on, lancé à son berger de propriétaire un « Va te faire enclumer fils de plute ! » qui a longtemps fait la une des journaux locaux (et que « Nico Anelka » continue de démentir fermement). Aux dernières nouvelles, la brebis galeuse de Flantigron songerait à s'exiler en Angleterre ou en arabie saoudite.

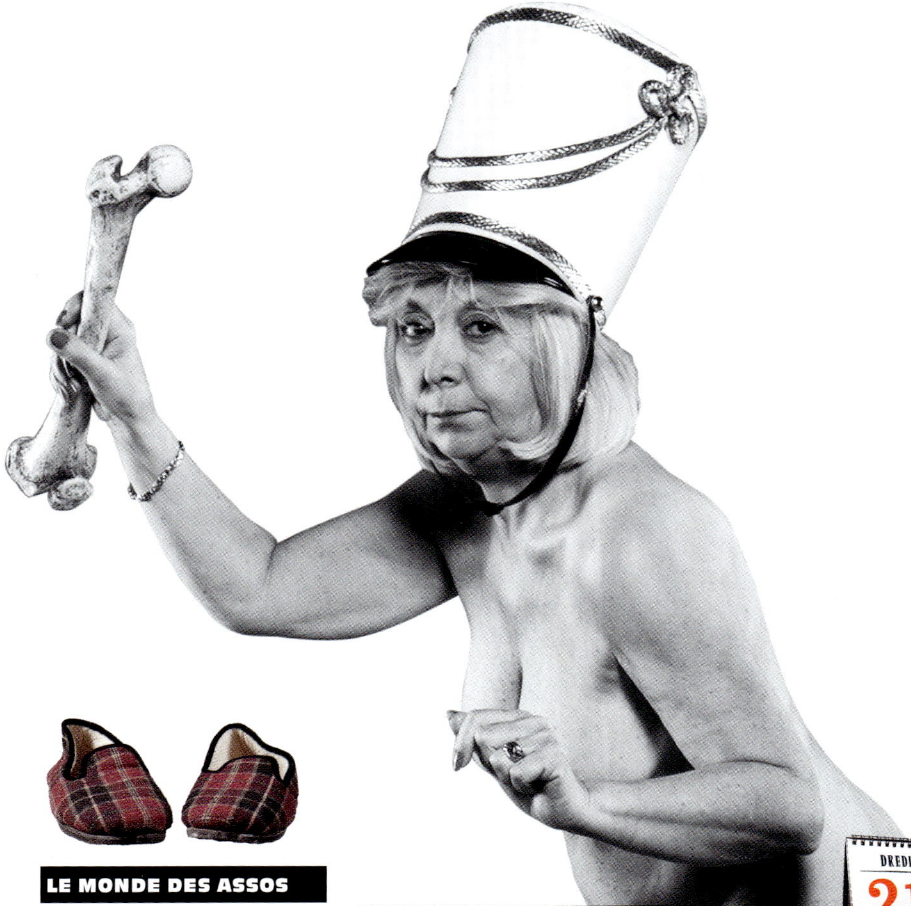

LE MONDE DES ASSOS

La Société du chausson

ON LE SAIT, le port du chausson est une véritable institution au Groland. Comme Notre Président, qui chaque soir enfile les siens sur les coups de 18 heures, même lorsqu'il est en voyage officiel, les Grolandais adorent mettre au bout de leurs pieds ces petites choses confortables faites de caoutchouc, de laine et de tissu bariolé. Ainsi, c'est plus de 3 600 personnes (« *soit six fois plus qu'à l'antenne locale d'Amnesty International* », se félicite le président-fondateur Marval Bertier), qui adhèrent désormais à cette société s'étant fixée pour but d'obtenir une appellation « chausson d'origine grolandaise contrôlée » avant la fin de l'année 2012.

FÊTE DU FÉMUR

Premier jour de l'hiver pour les Grolandais qui se pèlent les miches, le 21 décemb' est l'occasion de la fameuse Fête du fémur. Pour se réchauffer et prendre des forces, les habitants de Notre Présipauté se retrouvent en famille autour d'un bouillon dans lequel ils placent au préalable le fémur d'un ancêtre qui leur est cher. Le fémur passe de bouche en bouche durant le repas, et chacun le suce à son tour en mémoire des bons souvenirs passés ensemble, comme pour mieux retrouver le goût des bonnes choses et de la convivialité familiale. Le fémur est ensuite emballé dans du papier journal et rangé dans la cuisine, sous l'évier. Pour mettre un peu de soleil en hiver, la soirée se conclut en général par une projection des diapositives des vacances familiales d'été auxquelles participait jadis le titulaire du fémur.

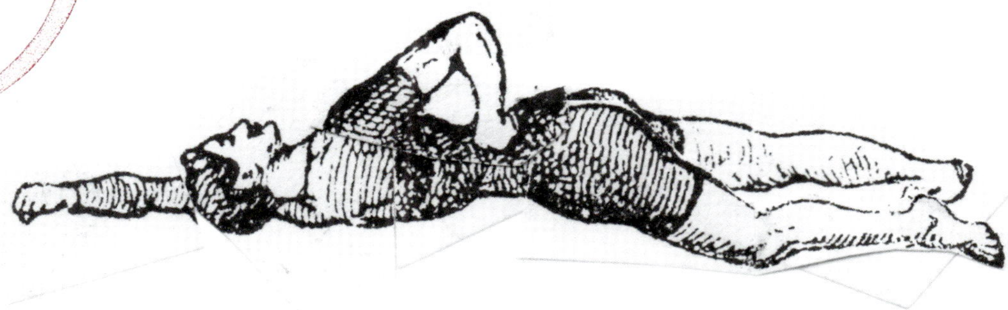

LA POSITION DU MOIS

Allongé au-dessus du sol un poing tendu vers l'avant

LES MAUVAISES LANGUES diront : c'est la position classique de Superman, rien de nouveau sous le soleil. Pourtant, cette position, Rimbardon Johnson, ancien champion grolympique de saut de fauteuil en chausson, la tient depuis des années, créant l'émerveillement des 7 à 77 ans. Il suffit en effet d'une seconde au bon Rimbardon pour se projeter en lévitation au-dessus du sol et tendre son poing vers le lointain. Et à ceux qui lui demandent à quoi ça sert, Rimbardon répond du tac au tac : « *Demandez au type qui m'a pris moi et mon poing en pleine tête un soir de bagarre au club d'échecs.* » Ouch !

LA BONNE ADRESSE

La Sandalette à Toulmoul

8, rue des Piquets, Toulmoul

Pas de chichi dans ce restaurant communautaire avec une seule table pour les convives. La patronne, une Américaine à la chevelure rousse abondante, vous enivrera par ses volutes de patchouli. Elle a conçu elle-même les assiettes en bouse de gnou céramique et la carte teintée par du jus de violette. Le patron, un ex-dentiste danois, s'est occupé de la décoration : murs en terre cuite, chaises recouvertes de sacs poubelles, sols en lattes de tonneau. Aux fourneaux, un ancien du Vietnam qui cuisine tout au couteau de chasse.

Spécialités : radis au beurre de chèvre, soupe de glands, terrine de pailles au gras de jambon, cuisse de poulet aux ronces et aux orties.

HAÏKUKU

Près de lui
Une femme sommeille –
Elle sent bon le plastique

Octave Tanaka

L'astuce de Mamie Gribentine

RECYCLER INTELLIGEMMENT SA VIEILLE HUILE

RIEN ne sert de jeter son huile rance à la poubelle, d'abord c'est du gâchis, et ensuite ça fait des taches grasses sur les sols ou ça pollue les canalisations. Mamie Gribentine, elle, toujours pleine d'idées, utilise sa vieille huile pour nourrir le cuir de ses chaussons vernis, pour huiler ses serrures, pour son petit neveu qui tient la boîte un peu olé-olé « Chez Minou » à Champoigne-le-Fier, mais aussi pour la hanche artificielle de son mari qui est mort, mais on ne sait jamais s'il revenait. Merci Mamie Gribentine !

LE NUMÉRO UTILE

Parfois, la vie, c'est dur et on n'a personne à qui parler. C'est pourquoi Solutrichine Malmion, une Grolandaise de 57 ans qui a elle-même souffert des affres de l'existence, a créé « 881 811 : Avoir un bon coupain ». Installée à Casablanca au Maroc, là où se trouvent la plupart des centres d'appels, cette jeune entreprise vous propose de parler au téléphone de vos petits soucis à de jeunes Casaouis qui vous réconforteront contre 8,97 eugros à la minute. Il existe même un abonnement premium à 18,97 eugros la minute grâce auquel « Momo le Joukebox » vous chante vos chansons préférées avec son accent du soleil. Pourquoi s'en priver ?

LA NUIT DES FAUX CULS

A***près avoir écouté*** le discours de Christophe Salengro, les Grolandais font la fête jusqu'à minuit en attendant le Jour du Lent. Afin de se préparer à la nouvelle année, ils multiplient les bonnes résolutions. Aux alentours de 23 heures, certains Grolandais se donnent même rendez-vous devant le mausolée de Notre ancien Président (dont le corps congelé et pané est représenté dans un congélateur transparent recouvert d'un capot en plastique vert pastel) pour y déposer des petits papiers sur lesquels sont indiquées leurs bonnes résolutions. Si certains décident d'arrêter de manger la corne de leur pied, d'autres choisissent de ne plus placer de coussins péteurs sous les fesses de leur collègue, ou encore de s'empêcher de donner des coups de santiags dans la porte du garage du voisin avant de rentrer se coucher. Mais combien de ces résolutions seront-elles tenues en 2013 ? La réponse est : ben pas beaucoup.

JAMEL DEBBOUZE

MINIST' DE L'IDENTITÉ GROLANDAISE, DE LA DISCRIMINATION ET DE LA SÉCURITÉ

Mise en place du CV vierge, peine de mort pour les Grolandais nés avant 1789, telles sont quelques-unes des grandes lignes de l'ambitieux programme de notre infatigable Minist'.

C'EST PARCE qu'il souhaitait rouvrir le débat sur *« ce que c'est d'être aujourd'hui grolandais bordel »* que Christophe Salengro a décidé de créer le poste de Minist' de l'Identité grolandaise de la Discrimination et de la Sécurité.

C'est le comédien Jamel Debbouze qui en assumera la charge. *« Je remercie Notre Président d'avoir pensé à moi pour cette tâche, nous avons du pain sur la tartine »*, a d'emblée déclaré l'intéressé lors de sa prise de fonctions.

Tout d'abord, Jamel Debbouze veut faire évoluer le code de la nationalité grolandaise au rythme de la mondialisation et mettre en place une réforme qui visera à faire évoluer les modalités d'accès à la citoyenneté grolandaise : *« Pourra devenir citoyen du Groland toute personne qui connaît au moins un mot en grolandais. Je compte néanmoins élargir cette règle à deux mots pour tous les ressortissants d'origine pakistanaise ou africaine »*, précise Jamel Debbouze, qui ne compte pas non plus faire

« Je veux exterminer tous les joueurs de djembé blancs »

de Notre Présipauté une auberge à vendeurs de roses ou de montres en toc. Parallèlement, et dans un souci de renouvellement des générations, le nouveau Minist' (qui s'est adjoint les services de son conseiller, Mohamed Hamidi, au poste de chef de cabinet) prévoit de « *rétablir dans les plus brefs délais la peine de mort pour tous les Grolandais nés avant 1789* », ainsi que « *l'expulsion de tous les Grolandais qui n'ont pas au moins un étranger dans leur famille* ».

Interdiction de circuler à moins de six personnes

Jamel Debbouze prévoit également, en corollaire, « *l'obligation d'apprendre trois accents étrangers au choix* » pour relever le défi des épiceries de nuit et de la mondialisation. Enfin, le Minist' souhaite également « *exterminer tous les joueurs de djembé blancs.* »

Pour ce qui est du volet « Sécurité » de son projet, Jamel Debbouze entend s'en prendre aux lois concernant la circulation des personnes au Groland, qui firent débat en 2011 suite à l'arrestation d'une personne marchant seule dans les rues de Groville : « *Il serait raisonnable que nous parvenions à mettre en place dans les plus brefs délais une interdiction de circuler à moins de six personnes dans les rues des villes et villages grolandais, et que cette interdiction soit rehaussée à moins de neuf personnes pour les halls d'immeuble* », explique Jamel Debbouze. Pour ce qui est de la partie « Discrimination », le Minist' entend mener une action de fond auprès des administrations et entreprises grolandaises trop souvent accusées d'avoir recours à un cousin. « *Je vais mettre en place le CV blanc qui est encore mieux que le CV anonyme. Les candidats enverront des feuilles blanches et le choix se fera à partir de ces documents. C'est une mesure assez révolutionnaire qui devrait rétablir l'égalité des chances à l'embauche* », explique Jamel Debbouze, avant d'évoquer ceux qu'il a choisis pour incarner ses réformes, notamment lors des jours fériés : « *Je vais demander à Éric Zemmour et à Tonton David de mettre un peu d'ambiance dans tout ça.* » Un bien bel attelage.

DISTINCTIONS & RÉCOMPENSES

EN 2012, NOTRE PRÉSIDENT, CHRISTOPHE SALENGRO, SE FÉLICITERA LUI-MÊME DE TOUT LE TRAVAIL QU'IL A ACCOMPLI JUSQU'À PRÉSENT DANS NOTRE PRÉSIPAUTÉ. IL A ÉGALEMENT DÉCIDÉ, À SON UNANIMITÉ, DE DÉCORER LES GROLANDAIS SUIVANTS…

Silamon ABRIL
Pérorin AGEORGES
Mirnieu BELLOCQ
Chipalu BENOÎT
Fiolon BEN SOUSSAN
Geannérole BICHET
Chantadelle BILLOT
Calzutin BLONDEL
Crupine BONNET
Ragondine BORNUAT
Pulpa CABANNE-POURTAVASSOLI
Andelevan CAP
Guilagoin CEBRON
Parfuma CHRISTOFARI
Sébérina CONTRI-NAHON
Gibouillette COUVREUR
Colmette de GÉA
Butinflard DELÉPINE
Nectarine DEVERRE
Lupiradien DJOUADI
Fistine DOLL
Brugnon DUFRESNE
Philibar DUMONT
Bribert FAUCHER
Grudicar FREITAG
Gadoulin FUSÉE
Philtraore GACCIO
Glabard GALLAND
Bludanbine GUENNETEAU
Gibouillette GUERVILLE
Pigounette GUIKOVATY
Ramunchilo HALIN
Pilourdin HEIM
Myrladion HOURNON
Brugnion HUET
Robinétac JEUNEHOMME
Mélandine JUHEL
Gustave KERVERN
Francis KUNTZ
Guribard LABROUE
Carmagnole LAGARDERE
Pitiane LARDEAU-SIPOS
Romildof LAURENT
Rogien LEDOUX
Ariano LEGUEDOIS
Aleloxerne LEJEAN
Croquignola LOOTVOET
Symuvie LOVISONE
Vincent MARRONNIER
Finton MARTIN
Croupitron MARZIN
Emmamma MASSE
Churlette MONNET
Jules-Édouard MOUSTIC
Serge NUQUES, le Chevalier du Groland
Solutrichine PERELLI
Meulina PETIT
Nougatin POSTEC
Gibloton POULET
Gibloton POUPART
Berninio POUVREAU
Marak RESCH-RIGON
Grululu SALEIX
Bigoudette SANS
Girotenpire SHADZI
Filnoy SMITH
Clazutin SOUDJAN
Douguirant STENCEL
Gluctère SUSINI
Crifoline TCHATCHOUA
Betoniva TOUBLANC
Bludanbine VEYLON
Irline VILA PONS
Arturo WEISS
Chrukuti ZEKRI
et tous les acteurs grolandais...

Crédits iconographiques :
AAG : 2, 6, 7, 9, 10, 11, 15, 18, 19, 21, 27, 33, 37, 45, 47, 55, 59, 60, 61, 68, 70, 71, 75, 76, 80, 83, 87, 89, 93, 94, 95, 97, 99, 100, 101, 105.
Nicolas Génin / ABACA : 108.
Danny Gys / ABACA : 12.
Nicolas Kayat / ABACA : 54.
Horst Ossinger / ABACA : 81.
Sandrine Roudeix / ABACA : 28.
Daniel Bardou / Canal+ : 39, 60, 93, 94.
Maxime Bruno / Canal+ : 4, 14, 22, 32, 38, 40, 48, 58, 66, 74, 80, 84, 92, 98, 100 et le calendrier.
Yann Carbonnet / Canal+ : 52, 73.
Raoul Dobromel / Canal+ : 107.
Xavier Lahache / Canal+ : 5, 9, 25, 37, 42, 44, 51, 59, 63, 67, 68, 70, 77, 79, 85, 86, 88, 89, 90, 95, 96, 97, 98, 103, 104.
Philippe Mazzoni / Canal+ : 46, 79.
Éric Vernazobres / Canal+ : 41.
Franck Courtes / L'Équipe : 20.
Alain Mounic / L'Équipe : 68.
Lea Crespi / Pias : 72.
Alienartagency : 41.
Françoise Prost : 105.
Yoan De Roeck : 6, 7, 8, 10, 11, 16, 17, 18, 19, 24, 26, 27, 30, 34, 35, 36, 41, 42, 43, 49, 50, 51, 52, 53, 56, 58, 59, 60, 61, 62, 63, 69, 71, 78, 82, 86, 87, 89, 96, 101, 102, 103, 105.
DR : 23, 43, 75, 77.

Auteurs :
Pierre Siankowski, avec les textes de tous les auteurs de Groland pendant 20 ans.

Direction éditoriale : Jean-Philippe Bouchard
Direction artistique : Yoan De Roeck
Maquette : Clémentine Hède

Crédits typographiques :
Roger, Albert, José, Ladislas & Cie

ISBN13 : 978-2-91-640068-6
Dépôt légal : novembre 2011

Achevé d'imprimer par STIGE
Turin, Italie

U.S.A
INDE
CORÉE
FRANCE
JAPON
BURKINA FASO
SERBIE
GRANDE BRETAGNE
ARCTIQUE
CHINE
VÉLIZY
GROLAND DU HAUT
GROLAND DE L'AUT' COTÉ
GROLAND DU BAS
GRO
COIGNU
BURMIN
PIROGNON-LES
MONTCHAMPS
PARBEILLES
REBONCOURT
UB-SUR-GANETTE
GRUGNY-SUR-TERRAIN
UVIOT
BETHANLIS
MOUSSAGE-LES-BAINS
ROUX-LA-PLAGE
ROUERGUE-EN-RIZIERE
GR
BOURAC
SAINT-SALOMIN
ROUGAGNE
GROBOU
SIX-FRONTS
NANTILOIS
CLAVOUIRE
OULTIER
VEZILLON-LES-GRAVINES
FIRVANCE
MOUSSIAT
LA LOUVETTE
VERBULIN
FONTENAILLE
SUGNON-RIVONIEN
DAVREVILLE
LOCHILLON
BANAILLA
ANVOISE
TRANCIER-LES-DEUX-GMU
MOUCHON
CALMONDOU
AMBE
VIOUCASTEL
NOUDI
GONFLINCOURT
PLOMBOIRE
VICHUMME
P
GREGOIRE-LE-VIGILANT
SOUROUGE
SAINT-RAMEAU-BASILE
SHIRMENAU
BERM
PACOGNANT
SAINT-ANGEON-DU
ROUSSAN-LE-JARDINS
GRUGNY
MOUIRMA
EMBERT-LES-CARRIERES
GLO
PALAMBIER
VOI
ROSWEL-SUR-GOUGNON